ZEN EXPLICADO

RAFAEL PINTOS-LÓPEZ

Dedicado a Jack Kerouac, que dedicó 'Los Vagabundos del Dharma' a Han Shan.

ÍNDICE

Sin título — vii
Prefacio — xi
Introducción — xxi

1. La consciencia humana — 1
2. Lenguaje y cultura — 17
3. Interés en el misticismo oriental — 30
4. El Budismo en la India y en la China — 38
5. Japón y el Zen — 52
6. Intelecto, identidad y tiempo — 61
7. Los sentidos y la autopercepción — 70
8. Conclusión — 82

Agradecimientos — 107

Copyright © 2024 por Rafael PINTOS-LÓPEZ

Se reservan todos los derechos.

No se puede reproducir parte alguna de este libro en ninguna forma ni por medios electrónicos ni mecánicos, incluso sistemas de almacenamiento y recabado de información, sin autorización escrita del autor, con excepción del uso de citas breves en una crítica literaria.

ISBN: 978-0-6458780-6-6

 Creado con Vellum

"Estudiar textos y una meditación rígida pueden hacerte perder tu Mente Original. Sin embargo, una melodía solitaria de un pescador puede ser un tesoro invaluable. Lluvia crepuscular sobre el río, la luna asomándose entre las nubes; elegante más allá de las palabras, él entona su canto noche tras noche."

- Ikkyu

∽

"Si yo demostrara el Gran Asunto manteniéndome estrictamente fiel a la enseñanza de la Escuela de los Fundadores, simplemente no podría abrir la boca."

- Linji

∽

"La mente pasada es inalcanzable, la mente presente es inalcanzable, y la mente futura es inalcanzable."

- *Sutra del Diamante*

∽

"*Sin permanecer en ningún lugar, la mente emerge."*

- Sutra del Diamante

∽

"Treinta golpes si no puedes hablar, treinta golpes si puedes."

- Huangbo

~

"Realmente no hay mucho en el Buddha-Dharma de Huangbo."

- Linji

~

"Si llamas a esto un khakkhara (bastón corto), vas en contra de la realidad. Si no lo llamas khakkhara, ignoras el hecho. Ahora, ¿cómo quieres llamarlo?"

- Shuzan, mostrando su bastón corto.

~

Monje: *"¿Cuál es la diferencia entre el hombre iluminado y el no iluminado?"*

Maestro: *"El no iluminado ve una diferencia, mientras que el iluminado no ve tal diferencia."*

~

Jizo: *"¿Adónde vas, 'joza' (monje mayor)?"*

Hōgen: *"Estoy de peregrinaje, sigo el viento."*

Jizo: *"¿Para qué estás de peregrinaje?"*

Hōgen: *"No lo sé."*

Jizo: *"No saber es lo más íntimo."*

Hōgen fue iluminado de repente.

Monje: *"Maestro, instrúyeme en el Zen."*

Joshu: *"¿No has desayunado?"*

Monje: *"Sí, Maestro, ya he desayunado."*

Joshu: *"Entonces, ve a lavar tus cuencos."*

Vasettha: *"Mi camino es el verdadero camino hacia la salvación. Conduce a la unión con Brahma."*

Gautama: *"¿Alguno de los brahmanes ha visto cara a cara a Brahma?"* Vasettha: *"No."*

Gautama: *"Si es así, su camino es infundado. Es como una fila de ciegos que se siguen mutuamente. El primero no ve nada, el del medio no ve nada, y el último no ve nada. La charla del brahmán es vacía y vana. Meras palabras."*

"Los hombres preguntan cómo se atraviesan las nubes,

Atravesar las nubes es oscuro, no hay señales.

Las cumbres altas son de roca desnuda.
En los valles profundos nunca brilla el sol.
Detrás de ti, picos verdes, y delante,
Al este las nubes blancas, y al oeste –
¿Quieres saber dónde está el camino de las nubes?
¡Está allí, en el centro del Vacío!"

- Han Shan, *El Monte Frío*

PREFACIO

Desde hace mucho, el Zen ha disfrutado de una atracción inigualada en el Occidente. Sin embargo, pocos saben de qué se trata. Un aura de misterio lo rodea como una espesa niebla. Los Maestros Zen y los monjes no facilitan nada; no hay felpudo que dé la bienvenida, ni charla introductoria, ni presentación en PowerPoint. Se puede ir a meditar si uno quiere, de no ser así, uno siempre se puede quedar donde está. Nadie habla sobre el asunto, especialmente porque no se puede. Quizás deba decir acá que el término "explicado" que aparece en el título no implica que fundador, maestro, iniciado, o monje Zen alguno haya querido ocultar nada. Lo que sí, en el Zen hay un claro rechazo al intelectualismo, mucho más que en cualquier otro tipo de budismo. Parece como que hubiera algo de oscurantismo en él. Y por supuesto, como veremos, hay una razón para que así sea. El Zen es exactamente lo opuesto al intelectualismo.

PREFACIO

Cuando empecé a escribir este libro, la idea era de transmitir nociones budistas, especialmente sobre Zen, al público occidental de una manera más o menos inteligible. Si el lector ya ha leído algo sobre Zen antes de pedir prestado o comprado este libro—y apuesto a que así es— la idea le debe sonar totalmente absurda. Le debe sonar un poco como un oxímoron porque, según el Zen, no hay nada que entender. Lo que los Maestros dicen es que el Zen no es una religión, y que tampoco es una filosofía: no puede transmitirse como información ni usando el lenguaje. ¿Práctica de meditación, estilo de vida...? sí, pero ¿adónde lleva eso? ¿Sabemos qué es la iluminación? ¿Sabemos en qué consiste el proceso?

En este caso, debo admitir que la información que tengo sobre religiones, filosofías, o ideas orientales es bien limitada. De nuevo, la falta de información no tendría que constituir un impedimento. El Zen mismo, como ya hemos estado diciendo, rechaza todo lo relacionado con la lógica o las palabras, y en eso radican las explicaciones occidentales. Recomiendo darles un vistazo a los 'kōans' (que son una especie de acertijo sin solución) y a los dichos budistas que preceden a este Prefacio, y después decidir uno mismo si tienen algún sentido.

En algunas partes, esta explicación va a dar un rodeo alrededor del budismo y del Zen, y el lector ya se va a dar cuenta del por qué. No es otra excusa por mi desconocimiento del tema principal. La forma en que este libro va a despejar la niebla que rodea al Zen tiene más que ver con un análisis de la consciencia humana que con la religión, la filosofía o la meditación. Ya voy a aclarar lo que quiero decir con eso.

PREFACIO

En las páginas que siguen voy a intentar cumplir la promesa implícita en el título. Voy a guiar al lector, dentro de lo posible, hacia la respuesta: el lector va a entender el Zen por medio de la explicación, algo que, hasta donde yo sé, no se ha intentado antes.

Otra cosa, para que se entienda mejor: en este libro voy a usar bastante los términos 'intelecto' y 'sentidos' o 'uso de los sentidos'. El primero se puede reemplazar por 'cognición', 'uso de razón', 'razonamiento', o 'raciocinio', cosa que a veces hago. El segundo, en este contexto significa 'sintiencia', o 'experiencia'. A veces, en forma limitada, también uso esas palabras o frases.

Con todo el respeto que me merecen D.T. Suzuki y los muchos Maestros Zen que han dicho que el Zen no se puede entender con palabras, voy a intentar hacer exactamente eso. Quizás el lector no logre el *satori*, pero va a entender que hay una la lógica en él, aunque normalmente no se explique. Va a entender cómo funciona y tal vez, como no iniciado, hasta pueda beneficiarse de sus enseñanzas.

Éste no es un libro de autoayuda. Como dijera antes, leer esto no proporciona ni la iluminación instantánea ni el bienestar que otros autores prometen; solo ayuda a comprender lo que un estudiante occidental de Zen puede esperar: saber en qué consiste el Zen.

Lo curioso es que, aunque éste no sea un libro de autoayuda, simplemente explicando cómo funciona el Zen, el lector va a encontrar algunas respuestas que quizás pueda aplicar a su vida diaria. Es probable que el lector descubra que el libro le ofrece soluciones inesperadas a algunos de sus problemas. Por otro lado, no pretendo asesorar a nadie sobre cómo manejar su vida. Las respuestas que se puedan encontrar acá son respuestas Zen, no mías.

Como muchas de las cosas buenas de la vida, llegué a entender cómo funciona el Zen de pura suerte. No hice todo el trabajo duro que se necesita para alcanzar el *satori*, toda la práctica, toda la meditación, todos los años de monje. Simplemente descubrí cómo funciona el proceso. Quizás la mejor manera de describir este libro es como un mapa técnico. Tal vez el lector lo quiera usar como un plan para decidir si quiere iniciar el camino del Zen o tal vez llegar a algún otro objetivo.

Todavía mejor, ahora que lo pienso, este libro es como un folleto o un manual de propietario. Si uno está a punto de comprar una máquina potente, una suscripción o un seguro de vida, pero no llega a entender del todo cómo funciona, uno necesita que alguien le diga si la máquina, la suscripción o la póliza de seguro van a funcionar y cómo van a hacerlo. Bueno, este folleto dice cuánto puede ayudar el Zen y cómo lo hace.

Las escuelas Zen y los monasterios son como el fabricante, o la compañía de seguros: prometen que la máquina o la póliza van a andar, dicen que uno tiene que tener fe en que lo va a hacer. Después de muchos años de trabajo, concentración y meditación, va a ser como una sorpresa y uno lo va a disfrutar mucho. Le va a cambiar la vida. A veces, la iluminación llega enseguida, a veces después de muchos años de meditación, pero—según dicen—siempre es repentina. Los que practican Zen dicen que el *satori* es realmente una revelación.

Yo, por otro lado—alguien de afuera—creo en lo que ellos dicen, en la parte de la revelación y todo eso, pero aparte de asegurar que funciona, voy a intentar analizar cómo lo hace, para que el lector lo entienda (de la misma manera que creo haberlo entendido yo, con mi mente occidental). Tal vez algún día llegue un maestro Zen y me diga que no es así en absoluto. Lo dudo muchísimo. Los mecanismos me parecen bastante claros. Los Maestros Zen dicen que solo la fe ciega en el proceso del Zen va a ayudar al iniciado a llegar; a mí me parece que entender el proceso de antemano otorga una ventaja, especialmente si uno es occidental.

El libro incluye una *Introducción*, un capítulo sobre la *La consciencia humana* y otro sobre *Lenguaje y cultura*. Tal vez al principio parezcan algo totalmente desconectado del tema principal, pero son importantes para entender los conceptos que siguen. Después vienen dos capítulos que son de lectura opcional: *Interés en el Misticismo Oriental* y *El Budismo en la India y en la China*. Son mayormente históricos pero incluyen información que podría resultar interesante y/o útil. Lo que sigue a esos capítulos: *Japón y el Zen, Intelecto, identidad y tiempo*, *Los sentidos y la autopercepción* y la *Conclusión*, son los segmentos que, creo, finalmente aclaran el funcionamiento del Zen en la mente del lector.

PREFACIO

En general, es cierto, no hay lectura suficiente, ni cantidad de información suficiente—he descubierto—que lleve al lector ni siquiera cerca del *satori*, todo lo contrario. Cuando llegue el momento, y de manera muy Zen, el lector mismo va a tener que darse cuenta por sí mismo. Solo la experiencia funciona. El Zen es básicamente una práctica mística (experiencia, quizás suene más fácil). En ese sentido, estoy de acuerdo con los Maestros. Otra vez voy a tener que explicar esta aparente contradicción. Ya se va a ver por qué.

En el siglo veinte, muchos jóvenes sintieron esa atracción hacia el budismo y especialmente el Zen. Ingenuamente, muchos (y me incluyo entre ellos) pensaban que los libros les mostrarían el camino hacia la iluminación. Pero los libros, por más hermosos que sean, no pueden mostrar, no pueden demostrar, solo imparten información.

El camino hacia el Zen es difícil: los japoneses tienen un idioma y una cultura muy diferentes a cualquier idioma y cultura europeos. Hay muchas diferencias con el Occidente, pero digamos que la principal reside en la manera en que el judaísmo y el cristianismo intentaron explicar la consciencia humana hace mucho tiempo, y cómo se desarrolló la idea a partir de ahí, pasando por el Renacimiento y la Reforma. La visión occidental de cómo funciona la consciencia humana es sumamente individualista. Además, se basa parcialmente en la dicotomía sujeto/objeto, que en muchos sentidos, y especialmente para el Zen, es engañosa.

PREFACIO

La realidad objetiva ha sido un concepto muy útil que finalmente permitió al Occidente desarrollar la ciencia y la tecnología. Lamentablemente, cuando se trata de comprender la consciencia humana, la realidad objetiva es, más que nada, un impedimento. En este caso, la neurociencia (el estudio del cerebro y el sistema nervioso), por ejemplo, va a tener que entender lo que la física cuántica ya ha entendido. No hay realidades separadas para el individuo y sus circunstancias. El observador y lo observado son la misma cosa.

A veces, cuando un jet pasa de la velocidad subsónica a la supersónica, hay que invertir los controles. Un fenómeno aerodinámico raro hace que el piloto tenga que hacer exactamente lo contrario de lo que haría en condiciones subsónicas. En el futuro, la ciencia y la filosofía occidentales tendrán que aprender que la consciencia humana no tiene un lugar determinado en el cerebro individual, no surge del cerebro individual.

La experiencia, los sentidos, simplemente están ahí en los animales, incluso los seres humanos. Son un fenómeno 'fundamental'. De qué manera ocurren, o si la ciencia occidental lo va a entender algún día, no es algo que queramos discutir acá. (Estoy seguro sin embargo de que, algún día, la neurociencia va a descubrir que es imposible estudiar el surgimiento de la consciencia humana a partir del cerebro individual). El punto es que necesitarán invertir los controles. Entre otras cosas, el Zen muestra cómo opera la consciencia humana; ya quedará claro.

Este libro se basa en la premisa de que la consciencia humana es estratificada, que incluye dos componentes que están integrados pero son distintos: los sentidos, o sintiencia (el componente biológico) y el intelecto, o cognición (el componente cultural, meta-evolutivo), y además, que el 'tiempo' es un invento humano. Estoy convencido de que esas ideas son correctas, y el budismo en general las confirma.

Al escribir sobre la consciencia humana, llegué a comprender que solo en el intelecto (el componente cultural) se puede aplicar la realidad objetiva, que implica la separación sujeto/objeto. Lo mismo ocurre con el 'tiempo'. Funciona solo dentro del intelecto. Ese principio me llegó como una epifanía especial. No es exactamente el *satori* pero, de manera indirecta, entendí cómo funciona. Fue como la visión de una acuarela sin empezar, en toda su simplicidad y luminosidad ideales.

El uso de los sentidos, por otro lado, no acepta una separación entre sujeto y objeto, ni tampoco incluye un concepto de 'tiempo'. Como dijera antes, la física cuántica ha llegado hace poco a esa conclusión: observador y observado son la misma cosa. Ése es el principio del Zen. La realidad es unión.

Después, noté que algunas escuelas de budismo, como el Zen, rechazan la lógica porque el intelecto (que incluye la lógica) es el origen del sufrimiento humano. Las ideas orientales, como se ha dicho, coinciden con la teoría de una consciencia estratificada y—a su manera—aclaran muchas cosas, especialmente con respecto a lo persistente que llega a ser el pensamiento y lo perjudicial que puede ser para algunos seres humanos.

Lo que siguió al primer descubrimiento—algo sumamente interesante—fue que, si la meditación puede separar los componentes de la consciencia humana, que funcionan de manera entrelazada, eso significa no solo que los componentes son distintos, sino que sus naturalezas son distintas.

Pero basta de historias. Veamos qué dice este libro sobre el Zen.

INTRODUCCIÓN

"Hasta ahora, el Zen se ha debatido desde el punto de vista intelectual, para ver que es imposible comprender el Zen a través de ese medio; de hecho, no le hace justicia al Zen tratarlo así filosóficamente. El Zen aborrece los medios, incluso el medio intelectual; es principalmente y en última instancia una disciplina y una experiencia, que no depende de ninguna explicación; pues una explicación desperdicia tiempo y energía y nunca llega a una conclusión, todo lo que se logra es malentendidos y una visión distorsionada del asunto."

– D.T. Suzuki, *Introducción al Budismo Zen*

"... tenemos que seguir soñando hasta abolir la falsa frontera entre lo ilusorio y lo tangible, hasta lograr

INTRODUCCIÓN

nuestras aspiraciones y descubrir que el paraíso perdido siempre estuvo ahí, alrededor de cada esquina."

– Julio Cortazar

Los semiconductores se utilizan en los circuitos electrónicos. Básicamente son objetos físicos por donde pasa la energía. ¿Por qué se llama semiconductor a un semiconductor? Es, de hecho, un material que se usa para conducir corriente. No es tan conductivo como un conductor —que tiene plena conductividad— pero es más conductivo que un aislante, que no permite el paso de la corriente. La silicona es un ejemplo de semiconductor. El cobre es un ejemplo de conductor: la electricidad fluye fácilmente a través de él; en cambio, el caucho o el vidrio son ejemplos de aislantes, que detienen la corriente.

Esto es absurdo. ¿Por qué este libro explica los semiconductores cuando se supone que el tema es el Zen?

Bueno, la respuesta es: porque quiere empezar demostrando que es posible explicar ciertos conceptos. Ése es un ejemplo de algo —oscuro para la mayoría— que se puede explicar en términos simples. Ahora el lector ya sabe qué es un semiconductor.

Sin embargo, hay cosas que no se pueden explicar. Solo se pueden demostrar; sin duda, la demostración es una de las mejores formas de enseñanza. En realidad, la demostración incluye un componente práctico.

En general, si uno quiere leer sobre la teoría del Zen, no encuentra explicaciones. ¿Existe una teoría? No, no hay una teoría. Sin embargo, este libro intentará entrever detrás de la práctica y descubrir qué hay ahí. Hay una progresión que va más o menos así: experiencia > pericia > sabiduría. Lo que no aclara mucho a esta altura. Hay que seguir leyendo.

Hay muchos otros libros sobre Zen que no explican qué es el Zen. Quizás dan alguna indicación sobre lo que es el Zen, pero no dicen cómo funciona. Tienen imágenes que muestran lo que hacen los monjes, hermosos jardines y cosas como la ceremonia del té. No lo explican porque es como tratar de explicar un color, como explicar un sonido. ¿Por qué es como tratar de explicar un color o un sonido? Ya vamos a ver esa similitud un poco más adelante. No vamos a explicar la práctica, por supuesto, vamos a explicar el porqué de la práctica.

Si uno quiere 'explicar' cómo ocurre el rojo (¿cómo se percibe?), se puede hablar sobre longitudes de onda, energía, tonalidades, espectro. Eso es posible, pero la experiencia del color no se logra con ese tipo de enfoque. Hay que imaginar una persona ciega de nacimiento intentando entender de qué estamos hablando. ¿Hay alguna manera de comunicar cómo se siente uno cuando estás privado de los sentidos? ¿Uno siente algo distinto cuando pasa algo así? No se puede explicar. Bueno... uno puede poner a alguien en un tanque oscuro lleno de agua y a prueba de sonido, y esa persona se va a dar cuenta. Solo la experiencia puede decirle a la persona cómo se siente uno en esa situación.

O, poniéndolo en otros términos, algo todavía más complicado. Supongamos que uno está en el Museo de Arte Moderno de la Ciudad de Nueva York y tiene enfrente "La noche estrellada" de Vincent Van Gogh. Hablando por teléfono, uno quiere describir, a un amigo en Sídney, qué le hace sentir la pintura. Quizás describa los remolinos del cielo, las estrellas, el pequeño pueblo y las pinceladas, o los pigmentos oscuros, pero no va a poder explicar lo que se siente en ningún tipo de detalle.

Tal vez lo que esté sucediendo es que, a través del tiempo y el espacio, uno siente una conexión especial con el pintor. Tal vez uno empatice con Vincent, con su locura y su depresión. El australiano del otro lado de la línea quizás pueda adivinar una parte chiquita de la experiencia directa. Una descripción es lo más cercano a lo que se puede llegar en la transmisión (imposible) de una experiencia. Quizás una foto de la pintura ayude hasta cierto punto. ¿Quién sabe?

Otro ejemplo: uno está de vacaciones, paseando antes del almuerzo. Está buscando un restaurante, en medio de las Ramblas, en Barcelona, cuando un flashmob toca lo que parece una versión improvisada de "Oda a la Alegría". Uno se queda y escucha. La gloria de la civilización europea invade la calle; todos cantan; los genios de Beethoven y Schiller fluyen dentro de uno; es un regalo que uno nunca va a olvidar. Uno graba cada momento, cada nota, en el celular. Cuando lo reproduce en el hotel, no es exactamente lo mismo. Uno se acuerda, pero la experiencia ya pasó. Fue algo único que no se puede revivir. No en su totalidad, aunque se pueda reproducir la visión y el sonido.

Nada se puede revivir y las experiencias de segunda mano no existen. Los semiconductores se pueden explicar, pero la experiencia es única, irreproducible e indescriptible. Es algo que uno mismo (y nadie más) siente. No puede repetirse, y ninguna descripción se le acerca.

INTRODUCCIÓN

Los buenos maestros tienen una forma fantástica de solucionar ese problema: las parábolas. Las parábolas son una forma más extensa de metáfora, que incluye ejemplos concretos; son básicamente ilustraciones de lo que se quiere enseñar. Buda y Jesús usaron mucho las parábolas. Sabían que una parábola estaba más cerca de una demostración que de una explicación. Y la diferencia radica en cómo se transmite la idea. Su naturaleza es distinta a la de las explicaciones y/o demostraciones.

Una demostración está cerca de la experiencia real. En una parábola se ofrece un símil, algo como un casillero paralelo donde se pueden colocar las ideas que el maestro quiere que uno entienda. Una explicación requiere reflexión (y lenguaje). Una demostración no. La parábola está en un punto intermedio.

Las madres amerindias no les dicen a sus hijos que el fuego quema. Les permiten tocar la llama. Los niños aprenden a través de la experiencia y nunca lo olvidan. Ésa es una demostración.

En la actualidad, los neurocientíficos intentan explicar la consciencia humana buscando el lugar en donde se encuentra la experiencia en el cerebro. La búsqueda es inútil porque ese lugar es solo una parte del fenómeno. La experiencia no está ahí. Ahí hay solo neuronas y sinapsis.

Este libro intenta explicar por qué las palabras no pueden describir ni reproducir la experiencia. La explicación no incluye la experiencia real, sino el proceso.

Bueno, empecemos por decir que, cronológicamente, la experiencia llegó mucho antes que el lenguaje. La experiencia es el componente más atávico de cómo entendemos la realidad. Hubo un tiempo en que los individuos proto-humanos, los homínidos, tenían experiencias a través de los sentidos pero no necesitaban usar el lenguaje. La experiencia, entonces, antecede a las palabras.

El lenguaje es analítico por naturaleza. Si uno lo piensa, normalmente divide un suceso en sujeto, verbo y objeto (sí, es más complejo que eso, ya sé). Pero si digo "El zorro salta la cerca", el interlocutor entiende la idea. Por otro lado, el zorro simplemente salta: tiene una experiencia directa.

Repito, este libro intenta analizar el significado oculto del Zen. En esta *Introducción*, lo hace siguiendo brevemente la historia de las religiones y filosofías tanto del Oriente como del Occidente.

Al principio, esta *Introducción* seguramente parecerá algo ajeno al Zen. Sin embargo, todo tiene su motivo. Pido un poco de paciencia. Ya viene lo el lector espera.

Desde mi perspectiva, la religión, la filosofía y la ciencia forman parte del mismo paradigma. Son todas parte de la misma búsqueda humana de conocimiento. Intentaron—y siguen intentando—proporcionar respuestas a las preguntas trascendentales que la humanidad se hace, nada más que lo hicieron—y lo siguen haciendo—por caminos totalmente distintos.

Como ya hemos dicho, una de las preguntas más importantes que nos hacemos es la de la consciencia humana. ¿Qué es? ¿Cómo sentimos y percibimos la realidad? ¿Cómo pensamos? ¿Cómo podemos hacer todo eso? ¿Cómo decidimos cuándo actuar? ¿Cómo elegimos qué está bien y qué está mal?

Eso, por supuesto, implica la autopercepción: la interocepción (es decir, cómo siente nuestro cuerpo); y la exterocepción (cómo percibimos la realidad que rodea nuestra piel); pero también implica el pensamiento, la identidad, el tiempo, etc.

Es un tema extremadamente complicado; Occidente y Oriente lo abordaron de maneras totalmente distintas.

Las primeras respuestas importantes—al menos para Occidente—vinieron de la Biblia, alrededor de ocho siglos EC. En la Biblia, los antiguos hebreos recopilaron todas las tradiciones orales que se habían transmitido a través de innumerables generaciones, de padres a hijos y alrededor de fogatas.

En el Libro del Génesis, Dios crea tanto a Adán como a Eva antes de convertirlos realmente en seres humanos (Gén. I: 27-28). Al principio, son como todos los demás animales. Entonces aparece el lenguaje (Gén. II: 20-25). Después se describe el mito de Adán y Eva en el Paraíso (Gén. III). Es una descripción del momento en que un par de homínidos se convierten en seres humanos: la creación de la humanidad como especie. Una vez que Adán habla, puede nombrar a todos los animales; después de eso, tanto Adán como Eva pueden pensar, y lo que sucede en el mito es que, a pesar de la advertencia de Dios, descubren qué está bien y qué está mal y pueden decidir por sí mismos lo que se puede hacer (el Árbol del Conocimiento del Bien y del Mal).

Lamentablemente, es más fácil interpretar los mitos de manera literal. Son una explicación alternativa fácil de entender sobre lo que realmente sucedió. El judaísmo y el cristianismo no tenían, en aquellos días, las herramientas para explicar de otra manera cómo había surgido la humanidad y la consciencia humana. Por supuesto, el proceso real descrito en el mito del Paraíso Terrenal (la introducción de la cognición, el uso de la razón) debe haber llevado miles de años. El cristianismo y el judaísmo eligen la interpretación literal. Adán y Eva aprenden a hablar, a pensar y a juzgar por sí mismos, y después Dios les advierte que las consecuencias serían graves.

El Antiguo Testamento (es decir, el Tanaj, o Biblia hebrea) explica la "vida" mediante una palabra hebrea, נפש ("*néfesh*"), que muchas veces se traduce como "vida" o "aliento de vida", algo que Dios infunde a los animales. Los animales adquieren esa cualidad al nacer.

El momento en que un animal comienza a existir, puede percibir su entorno y, la mayoría de las veces, moverse (aunque algunas formas animales primitivas, como la esponja, no se mueven). Hoy en día, probablemente usaríamos el término "sintiencia" para describir el fenómeno.

Aunque "*néfesh*" muchas veces se traduce como "alma" o "aliento de vida", el Libro del Génesis nunca menciona el intelecto en los seres humanos—a diferencia de los sentidos en los animales—utilizando una palabra específica. La única descripción que proporciona para *"psique"* es el *'conocimiento del bien y del mal'* que menciona el mito.

En cualquier caso, el Antiguo Testamento describe a la humanidad como algo separado del resto de la Creación. Dios pone a Adán a cargo de todos los animales. No de todos los *otros* animales. Los seres humanos definitivamente están en una clase aparte. Ese concepto es adoptado por el cristianismo y evoluciona en la filosofía occidental. Hay algo subjetivo (la mente humana) y una realidad separada que es objetiva (el resto de la realidad). Los seres humanos podemos observar, analizar y estudiar cualquier objeto. De esa manera, los seres humanos podemos pensar. Y lo hacemos desde la perspectiva de una consciencia que está dentro del cuerpo, mirando hacia afuera.

El Nuevo Testamento (es decir, el cristianismo) enfatizó aún más el concepto de la separación entre los seres humanos y los animales. Hay una palabra griega, ψυχή (*"psiqué"*), probablemente relacionada con *"psykhein"*, que casualmente significa respirar, soplar), que se usa extensamente en los Evangelios para indicar el *"alma"*. Según los Evangelios, el alma es exclusivamente humana. Esa palabra nunca se usa en el Antiguo Testamento porque solo se introdujo como concepto cristiano. Los Evangelios dicen que los humanos tienen un alma individual inmortal. Eso es lo que ahora llamamos psique, o psiquis, (la misma palabra), que ahora sabemos muere con el individuo.

Según el cristianismo, entonces, cuando los buenos cristianos mueren, van al cielo con Dios. El Hijo de Dios se convierte en ser humano, muere y resucita. Cualquier ser humano bueno que crea en el cristianismo va al cielo, no importa que sea esclavo, prostituta o rey. Los seres humanos son básicamente semidioses.

INTRODUCCIÓN

El cristianismo, que empezó como una secta periférica del judaísmo, cuyos líderes y seguidores en su mayoría eran analfabetos, al igual que el resto de la población judía, terminó convirtiéndose en la religión del Imperio Romano, y luego del Occidente. Si los países occidentales tienen algo en común es que comparten la moral, ética y filosofía judeocristianas. Entender cómo ocurrió esto es fácil: hay una tradición común, una historia compartida.

Acá no nos vamos a ocupar de cómo Saulo de Tarso (también conocido como San Pablo) adoptó el concepto griego de un alma inmortal, propuesto por Platón, y lo utilizó como elemento fundamental del cristianismo, pero eso es lo que sucedió.

El concepto filosófico más importante derivado del cristianismo y adoptado por Occidente es el de "realidad objetiva". Como hemos visto, según el cristianismo, los seres humanos están por encima del resto de la creación y pueden estudiar y comprender el universo. Tienen una realidad subjetiva que reside dentro de ellos mismos. A partir de ahí, los académicos occidentales desarrollaron lo que ahora clasificamos como ciencia y tecnología. La ciencia puede estudiar el universo y establecer leyes. La ciencia, claramente definida como tal, comenzó en Occidente con Newton y durante mucho tiempo permaneció como una institución casi exclusivamente occidental.

Como ya explicamos, el desarrollo del Occidente ha sido profundamente influenciado por el cristianismo, que es una mezcla de judaísmo y pensamiento griego. El Occidente, de muchas maneras, es producto del cristianismo. El individualismo construido en nuestra cultura proviene de las lenguas europeas y de la filosofía aristotélica, pero también de San Pablo, San Agustín y Santo Tomás de Aquino, quienes añadieron el pensamiento griego al mensaje de Jesús. Esto le dio a la filosofía aristotélica un aura de misticismo, y al cristianismo, un aura de verdad. El "yo" es central en ambos. Los filósofos griegos desarrollaron la noción del alma individual inmortal (que más tarde se convirtió en "mente") y el cristianismo adoptó la inmortalidad de esa alma. Como viéramos, la palabra que utilizaron es la misma, "psique". De alguna manera, Occidente creció junto con el cristianismo. Ese crecimiento incluyó la aparición de conceptos como la verdad objetiva y el pensamiento crítico. La ciencia se desarrolló naturalmente a partir de esos dos. La verdad objetiva es una de las conclusiones lógicas del solipsismo (o egocentrismo) occidental. Según éste, somos seres aparte. Nuestro ego está separado del universo. Por lo tanto, podemos estudiar el universo como un objeto. Un objeto que se puede analizar. Por ende, la ciencia.

Por otro lado, en Oriente (y un poco en algunas corrientes del pensamiento griego, como Heraclito), se encontró que ese concepto era imposible; esas escuelas de pensamiento tratan al sujeto y al objeto como uno solo y consideran el todo como un fenómeno dinámico, todo fluye.

Durante los inicios del cristianismo, los Padres de la Iglesia persiguieron las doctrinas que llamaron "herejías".

El proceso había comenzado realmente con los Tetrarcas romanos (los cuatro "emperadores"). Después de algunos años de cooperación bajo los Tetrarcas, los Imperios Romano Occidental y Oriental siguieron sendas separadas y terminaron teniendo relaciones no muy amistosas. En el

INTRODUCCIÓN

Imperio Oriental—Bizancio—se había conservado, hasta cierto punto, el conocimiento de los antiguos griegos.

Invadido por tribus bárbaras, el Imperio Occidental había caído en lo que ahora se llama la Edad Oscura. Las bibliotecas eran pequeñas y la mayoría de los libros eran copiados ciegamente por monjes y guardados en monasterios. La población y muchos de los nobles eran analfabetos.

Roma y Bizancio, ambas cristianas, habían sido invadidas y amenazadas por el Islam. En 1453 EC, la capital de Bizancio, Constantinopla, finalmente cayó bajo el asedio de los ejércitos otomanos del sultán Mehmet II. Muchos bizantinos huyeron y se establecieron como refugiados en la península itálica; el cardenal Bessarion fue uno de ellos. El cardenal había acumulado una gran colección de manuscritos griegos y latinos que luego donó a la República de Venecia y que ahora forman parte de la Biblioteca de San Marcos.

La donación de Bessarion impulsó el Renacimiento. Florencia se convirtió en el centro del arte y el aprendizaje de Europa. Alrededor de esa época, Johannes Gutenberg había inventado la imprenta de tipos móviles. Aproximadamente un siglo después, siguió la Reforma. Para entonces, Europa ya tenía universidades, estudiosos y letrados.

Impulsada por la curiosidad y la codicia, la astrología y la alquimia comenzaron como observaciones y experimentos prohibidos. Secretamente, dieron origen a la astronomía y la química; otras disciplinas científicas más especializadas se ramificaron a partir de ellas. La ciencia entonces emergió lentamente de una nebulosa de superstición. En sus primeros días, el Occidente se fue desarrollando de manera extraña. Fue como una danza en la que la religión, la filosofía, el arte y finalmente la ciencia actuaron como las cuatro bases del ADN occidental, entrelazándose para formar la doble hélice de nuestra cultura. Newton, un alquimista, sería iniciador y referente en esta transformación. Descartes, un mago aficionado, se convertiría en uno de los más grandes filósofos de Occidente, el padre del Dualismo de Sustancias.

Para resumir los fundamentos de este segmento, ¿por qué Occidente no es el mejor lugar para alcanzar la iluminación (cuando la iluminación significa algo así como el *nirvana* o *satori*)? Bueno, existen diferencias importantes entre Oriente y Occidente. Los fundamentos filosóficos sobre los cuales se basan las culturas son diametralmente opuestos. ¿Cómo es eso? Como hemos visto, la filosofía occidental se basa en el ego y en una realidad objetiva separada que rodea al ego; en Oriente es todo lo contrario, la negación del ego, donde el ego es parte de la realidad y también depende inter subjetivamente de otros, es decir, el yo se define por sus relaciones y las relaciones son fluidas.

Según han evolucionado las cosas, no es de sorprender que lo que ocurrió en Oriente fue algo totalmente distinto. En el subcontinente indio, durante varios milenios, se había desarrollado una civilización. Para el 2600 AEC, la cultura del valle del Indo tenía grandes ciudades, con decenas de miles de habitantes, como Mohenjo-Daro y Harappa. Esa civilización coexistía con otros asentamientos grandes en Asia, básicamente los del río Amarillo y el Yangtsé.

Durante los siglos V y IV AEC, Siddharta Gautama, un príncipe nepalí —según dice la leyenda— fundó un nuevo movimiento que después fue llamado budismo (de '*boddhi*', o despertar).

De la misma manera que el cristianismo surgió del judaísmo, el budismo nació como una secta periférica del hinduismo. Algunos lo consideran una religión, otros una filosofía; para algunos, es simplemente una forma de vida. Desde mi perspectiva, según la escuela budista de que se trate, es todo eso y más.

Como decíamos, Gautama Buda concibió la vida como algo dinámico. La vida pasa. El tiempo pasa. Todo es transitorio. Aferrarse a algo transitorio como si fuera algo permanente causa infelicidad. En resumen, Gautama enseñó el camino para desprenderse de cosas y situaciones impermanentes. El sendero del desapego.

De manera muy parecida a como Jesús se convirtió en el Cristo, dos siglos después de su muerte, Gautama fue declarado el Salvador, el Buda, el Iluminado.

Un santón legendario a quien llamaban Bodhidharma llevó el budismo de la India al Sur de la China, donde creció. En el Norte, prevalecía el Confucianismo. El Budismo desarrolló algunos conceptos comunes con él. Ambos fueron influenciados por las enseñanzas de un personaje legendario, Fu Xi, quien había escrito el I Ching—o Libro de los Cambios—, un libro y un sistema de adivinación. Data del siglo X AEC e incluye principios y directrices para una vida feliz. Ha sido descrito como "una corriente viva de profunda sabiduría humana". Lao Tzu y Confucio estaban familiarizados con el I Ching.

Muchas de esas creencias han coexistido durante siglos y tienen algunas similitudes. Entre otras cosas, el I Ching enseña sobre la modestia, la paz y la contención. También muestra las influencias negativas del ego: el miedo, la ansiedad, la ira, el deseo y otros sentimientos malsanos.

Desde el Sur de la China, el Budismo Mahayana llegó al Japón, donde sufrió transformaciones hasta derivar en un tipo de budismo originalmente llamado *zazen* (un nombre derivado del acto de meditar en posición de loto), que luego se abreviaría a Zen.

Hasta el día de hoy, el budismo Zen coexiste con el Shintoismo, o sea el culto japonés a los antepasados.

LA CONSCIENCIA HUMANA

"¿Por qué la mente habitualmente niega o se resiste al Ahora? Porque no puede funcionar ni mantener el control sin tiempo, que es pasado y futuro, por lo tanto percibe el Ahora atemporal como amenazante. Tiempo y mente son, de hecho, inseparables."

Eckhart Tolle - *El Poder del Ahora*

Hemos visto que, aunque los escribas que recopilaron los mitos y creencias de la Biblia hebrea trataron la noción de la consciencia, en Occidente, los que primero reflexionaron sobre las complejidades de la mente humana fueron los pensadores griegos. Establecieron la regla occidental más importante sobre la consciencia: el cuerpo muere; la *psique*—el alma—que era exactamente lo opuesto al cuerpo, era algo inmortal. Cuerpo y alma tenían distinta naturaleza.

San Pablo adoptó la idea griega de un alma individual inmortal. En el caso del pensamiento cristiano, esa alma individual va al cielo (o quizás no). Lo cierto es que, según los filósofos griegos antiguos y los cristianos en general, el cuerpo y el alma siguen siendo esencialmente distintos.

Descartes basó su Dualismo de Sustancias en el hecho de que mente y cuerpo eran completamente distintos: sus propiedades diferían mucho. Existían pero sus naturalezas eran opuestas. Descartes sabía que su mente podía pensar. Su cuerpo no podía pensar. Ambos, su cuerpo y su mente, existían pero eran entidades separadas, estaban hechos de sustancias diferentes y tenían naturalezas distintas. Estableció que él existía, es decir, si podía pensar que estaba vivo, eso significaba que realmente estaba vivo. Llegó a esa conclusión usando meta cognición, que significa realmente pensar sobre el pensamiento.

Como dijéramos, en la actualidad, los neurocientíficos, filósofos y otros académicos están tratando de determinar el punto del cerebro donde las neuronas generan la experiencia humana: la ubicación de la consciencia. En este momento, cuando el materialismo reina en el mundo académico, la búsqueda solo incluye los sentidos (no el intelecto). ¿Cómo produce el cuerpo los sentidos? Bueno, los sentidos son 'fundamentales'; todos los animales y algunas plantas los comparten. No voy a entrar en lo que significa 'fundamental', tal vez podríamos usar la palabra primordial, o algo que existe desde el principio. Digamos que este no es el lugar para intentar explicarlo. Estaríamos divagando demasiado.

Lo cierto es que el mundo académico está convencido, en la actualidad, de que la biología evolutiva y el fisicalismo constituyen el enfoque correcto para buscar la consciencia, pero tenemos que mencionar que, después de décadas de fracasos con ese enfoque, hay signos de rebeldía en el estudio de la mente. Algunos psicólogos ahora consideran que el fisicalismo no explica el pensamiento y comportamiento sociales (¡tal cual!). Es decir, esa nueva escuela cree que hay un mundo más allá del individuo y el cerebro. Creen que no se puede ignorar la consciencia social. Una de las implicaciones importantes de este nuevo tipo de modelo es que enfatiza la interconexión, en oposición al modelo egoísta. El nuevo modelo es, en realidad, una forma de ver las cosas muy budista. Coincide con algunas creencias religiosas occidentales así como con las nociones orientales de la consciencia. Por supuesto, en el establecimiento académico occidental todavía hay mucho rechazo hacia nociones de ese tipo.

Desde mi punto de vista, en el estudio de la consciencia, el modelo biológico centrado en el individuo y en el cerebro no reconoce que somos una especie altricial, es decir, que nuestros padres y la sociedad son quienes nos enseñan cómo comportarnos con otras personas, nos proporcionan muchas de las palabras que vamos a usar el resto de nuestras vidas, nos socializan y en general nos guían sobre lo que es aceptable y lo que no es aceptable en la vida social. Las escuelas y los institutos de educación superior nos proporcionan la información que necesitamos para funcionar al nivel y en el campo de nuestra elección.

El idioma y la cultura tienen un gran impacto en la consciencia humana. Es muy bueno estudiar los sentidos en el cerebro (no cómo se genera la consciencia ahí, porque no la generan ni las neuronas ni las sinapsis). Pero ignorar deliberadamente que los sentidos y el intelecto están entrelazados es un gran error que ha estado costando años de esfuerzo a la comunidad científica.

La consciencia humana es evidentemente más compleja que los sentidos o el intelecto. Desde mi perspectiva, es una combinación de ambos. Esto puede parecerles obvio a algunos (lo es para mí), pero es esencial afirmarlo y enfatizarlo acá:

- La consciencia humana consiste de dos estratos o capas integradas pero distintas:

1. La consciencia básica animal, o sintiencia.
2. La consciencia humana elevada, o cognición.

- Nacemos con uso de los sentidos; ésa es una cualidad fundamental que todos los mamíferos heredan al estar vivos.
- La cognición (el intelecto) se adquiere a través de la crianza por parte de los padres y la sociedad. Se transmite colectiva e inter subjetivamente. En su forma más sofisticada, es exclusivamente humana y su naturaleza es cultural, es decir, surgió mucho después que los sentidos.
- La imaginación, el lenguaje, el deseo de aventura, son rasgos exclusivamente humanos que provienen de la cognición.
- El tiempo es una creación humana. Existe en la cognición y solo ahí. El pasado y el futuro existen solo gracias a la cognición humana. La memoria a largo plazo incluye la identidad y la percepción colectiva de esa identidad.

- Sin cognición, solo existe el presente y el cambio.
- La creatividad y el arte parecen involucrar tanto un componente intelectual como uno sensorial.

Hemos visto, entonces, que la consciencia humana es en parte sensorial y en parte cognitiva. La consciencia *humana* es una condición *a priori* para el conocimiento. En el caso de nuestra especie, podemos adquirir conocimiento a través de la experiencia o el hábito (el cazador sabe dónde están las presas porque ha estado allí y las ha visto). Pero también podemos pensar (algo que adquirimos mucho después, con el idioma).

Sin embargo, el intelecto parece tener preponderancia sobre los sentidos: se superpone a ellos y lo utilizamos mucho más. Solo a través de él podemos adquirir la información que necesitamos para vivir en sociedad (por ejemplo, podemos entender cómo funciona un rifle a través del lenguaje y el razonamiento), y utilizamos mucha información en nuestra vida diaria. Esto tiene pros y contras, como veremos.

En la actualidad, dentro del estudio de la consciencia humana, la ciencia occidental no parece contemplar la noción de una mente colectiva. Por supuesto, los científicos reconocen la existencia de lo colectivo; las nociones que tienen son claras, pero la ciencia aún cree que los enfoques para estudiar la consciencia deben ser todos físicos, comenzar con el individuo y basarse en el cerebro. No se considera la interdependencia ni las relaciones con otros entes. En esta etapa, la ciencia se centra solo en la forma en que los sentidos surgen en el cerebro del individuo.

El hecho de que los científicos occidentales quieran estudiar los sentidos es bueno. Lamentablemente, el enfoque es incorrecto por dos razones. La ciencia occidental espera entender la consciencia humana comenzando por el estudio de los sentidos; eso es imposible porque, en los humanos, el razonamiento ha estado entrelazado con la sintiencia desde tiempo inmemorial. La tarea es fútil. Como hemos dicho, tienen naturalezas diferentes, no hay continuidad entre los dos fenómenos. Existe un obstáculo entre el investigador y la meta: es el salto desde la evolución a la meta-evolución, es decir, el comienzo del lenguaje y la cognición. El investigador que comienza el estudio de la consciencia humana desde el origen de la sintiencia (o sea, desde las amebas) va a llegar hasta el momento del salto a la meta-evolución, pero nunca más allá. La sintiencia y la cognición tienen diferentes naturalezas, es bien simple.

El segundo punto es que los sentidos son biológicos, pero no realmente individuales como entendemos la individualidad, porque en la naturaleza no hay realmente individuos ni identidades. Los seres humanos somos los que hemos desarrollado las nociones de individualidad e identidad. Ésas son nociones secundarias. Un halcón en la naturaleza en realidad no es un individuo, es solo una iteración de halcón. Puede sentir como individuo, pero es parte de una especie y esa especie es parte de la naturaleza.

Nuestros ancestros se convirtieron en individuos solo cuando adquirieron lentamente el componente de consciencia que no tenían como animales. Antes de eso, solo eran iteraciones de la idea de homínido. Cuando se transformaron en individuos dentro de un grupo, tuvieron que adquirir una identidad. Tal vez las cosas no sean tan simples como eso, pero la idea se entiende, estoy seguro.

Algunas especies pueden tener cierto grado de identidad, mayormente las especies que son sociales, pero esa identidad animal está principalmente relacionada con los sentidos: un pichón de pingüino reconoce a su madre por el olor. El tipo de identidad que tienen los humanos actuales requiere de la cognición.

Veamos de qué manera sucede eso: como hemos dicho, nuestra especie es altricial, eso significa que nuestros hijos necesitan mucho más tiempo que cualquier otra especie para convertirse en adultos. Eso sucede porque, como especie animal, los seres humanos nacemos con sentidos. Pero, en esa etapa, los seres humanos solo estamos equipados para adquirir el uso de la razón. Eso lleva tiempo. Un niño pequeño empieza a adquirir uso de razón cuando aprende a hablar. Seguramente los niños pequeños pueden pensar bastante antes. Pero solo pueden interactuar completamente con otros individuos cuando aprenden a hablar. Así es como funciona el lenguaje. Se puede entender antes de poder hablar, y se puede leer antes de poder escribir.

Los adolescentes se convierten en seres humanos adultos, digamos, cuando salen de la adolescencia y alcanzan, por ejemplo, los veinte años.

Ese crecimiento tiene que ocurrir en cada individuo de cada generación porque el razonamiento es un fenómeno adquirido. La transmisión de la cognición requiere que la información se repita para cada generación. Y es un fenómeno que sigue creciendo en sofisticación. Aprendemos a leer y escribir, después aprendemos a usar laptops, teléfonos celulares, tabletas e incluso relojes inteligentes.

Y ahora que mencionamos los relojes, hablemos brevemente sobre la naturaleza del tiempo. El tiempo es otro tema complicado, pero quiero intentar resumir esta explicación a lo mínimo posible. Sabemos que todo cambia. El cambio es algo que sucede, es un hecho. Según Aristóteles, el tiempo es solo la medida del cambio. Siendo una medida, el tiempo es una creación humana. Los animales no tienen tiempo, ni medidas ni cantidades tampoco.

Necesitamos el tiempo para vivir en sociedad. Cuanto más grande y compleja es la sociedad, más sofisticado se vuelve el tiempo. Repito, el tiempo reside en el intelecto. Sin intelecto, el tiempo desaparece. No hay prisa, no hay estrés, no hay ansiedad. Todas las connotaciones negativas del tiempo desaparecen cuando dejamos la cognición en un segundo plano.

Quizás debamos dejar esta explicación por ahora. Pero hasta este punto, estoy seguro de que se entiende adónde quiero llegar. Eso es todo lo que necesitamos a los efectos de este libro.

Estudiar a un individuo no nos puede dar una explicación con respecto a la experiencia, ya que la experiencia está más allá del individuo; existe en un estado de conexión con la naturaleza. El individuo siente la experiencia como parte de un todo. El animal individual no tiene una experiencia subjetiva separada de una realidad objetiva. Ésa es una distorsión humana. Así es como queremos entenderlo en Occidente. El animal tiene sintiencia y hasta cierto punto se siente como un individuo, pero en realidad, el animal simplemente *es*.

Como dijéramos, los animales individuales en realidad son iteraciones físicas de la idea de ese animal (las ideas no son pensamientos; las ideas residen en la sintiencia; ya explicaremos eso más adelante). Los depredadores, cuando cazan, no se detienen a pensar "estoy buscando un tipo particular de presa". La leona, como parte de sus tácticas y su instinto, individualiza la pequeña cebra que corre detrás de la manada, porque será la presa más fácil. Su instinto se lo dice. Eso es todo.

En ese sentido, Gertrude Stein, queriendo demostrar otra cosa, ideó la famosa frase: "Una rosa es una rosa es una rosa". No hay rosas individuales, solo la idea de la rosa. Bashō, el poeta japonés, hizo exactamente lo mismo cuando describió la acción de un cuervo: "En una rama marchita / ha llegado a posarse un cuervo...". Lo que tenemos es la idea del cuervo. El cuervo no tiene identidad.

Cuando llamamos Pancho a nuestro perro, solo estamos antropomorfizando al perro; le damos una identidad porque es la única forma en que hemos llegado a entender la realidad. Somos seres sociales y nuestra sociedad está formada por individuos. Llevando esa noción a extremos, el Pato Donald se llama Donald (en inglés, el apellido es Duck), y lleva un traje de marinero. Lindo y divertido. Humano.

Probablemente seamos los únicos testigos del universo. Eso es lo que hacemos como seres humanos, pero especialmente como individuos occidentales; eso es lo que significa nuestra consciencia: un testimonio subjetivo de la realidad objetiva y separada que nos rodea.

El jaguar solitario, el depredador, ve la presa, pero no atestigua, actúa; la golondrina vuela en una bandada con otras mil y tal vez disfruta del amanecer o del atardecer, pero no reflexiona sobre ese amanecer o ese atardecer. Desde su perspectiva no subjetiva, los dos son parte del escenario. No pueden desentrañarse de la realidad.

Según los académicos occidentales, el ego ocurre dentro del pensador y solo se extiende hasta donde aparece la realidad objetiva. Descubrimos que el ego puede determinar qué tipo de cosa es algo, pero hasta ahora no puede saber qué tipo de cosa es él mismo. El momento en que la consciencia mira hacia adentro, ese conocimiento debería volverse subjetivo porque esa realidad es subjetiva. Los académicos occidentales están intentando descubrir dónde reside la consciencia en el cerebro. La filosofía oriental ya ha determinado que no es conocible. Es indescriptible, inefable.

Más importante aún, la consciencia humana también tiene una propiedad trascendental. Eso significa que no se reduce a un objeto o a una clase de objetos. La neurociencia podría explicar dónde ocurren algunas funciones cognitivas, podría explicar dónde ocurren algunas sensaciones, pero no podría explicar la consciencia como una entidad física porque no es una entidad física. Es exactamente al revés: las neuronas son generadas por la experiencia. La ciencia no puede encontrar una respuesta a la existencia de la consciencia porque la respuesta está más allá de sus límites. La sintiencia puede ser biológica, pero la cognición, el otro componente de la consciencia, no lo es. De cualquier manera, los sentidos son tan inter subjetivos como el intelecto.

Los seres humanos, según Aristóteles, somos animales sociales. Funcionamos como lo hacen los pájaros en bandadas o los peces en cardúmenes. No estamos destinados a operar en aislamiento, como ciertos otros tipos de animales. Necesitamos de la sociedad. Así es como nuestra especie ha desarrollado una especie de post-evolución-biológica (y esto no significa que la evolución biológica alguna vez haya cesado). Cualquier intento de describir a un ser humano se encontrará también con la sociedad que lo rodea. Cuando hablamos de circunstancias humanas, hablamos de un período y una cultura específicos. El estudio de los seres humanos y su comportamiento no puede basarse en el individuo. En cualquier caso, si se intenta, deben incluirse el momento cronológico y el lugar.

La esencia de la consciencia humana, creo, en contraste con la de otros animales, es fácil de discernir: las funciones del cerebro con las que nacemos (todas tienen que ver con la sintiencia); y las que estamos equipados para adquirir: cognición, intelecto o psique, que se desarrollan con la intervención de la sociedad. Nacemos sintientes. La razón solo se adquiere a través de la crianza de los padres y el entorno. Se transmite cultural e individualmente. Es cultural por naturaleza. Tenemos que repetirnos esto si queremos que se nos grabe. La noción es difícil de comprender porque rara vez pensamos en eso.

Para entender cómo opera la consciencia humana, tenemos que imaginarla dentro de una sociedad determinada: una clara evidencia de ello es que la mayoría de los problemas psiquiátricos involucran a un individuo que es disfuncional, es decir, que no puede funcionar adecuadamente dentro de su entorno social. Si una persona tiene una enfermedad física, el problema es individual. Tiene que ver con su cuerpo individual, aunque pueda ser contagioso y, en cualquier caso, la causa de la enfermedad podría ser externa. Las personas con enfermedades mentales son básicamente personas incapaces de funcionar dentro de la sociedad. Pueden ser sintientes, ya que eso es biológico, pero cualquier problema cognitivo significa un problema social.

Los homínidos comenzaron a comunicarse entre sí de manera más sofisticada (en comparación con otros animales), una vez que captaron el significado de los sonidos que emitían. Ese momento, marcado por el primer fonema, señala el comienzo de la humanidad. Nuestra evolución hacia seres humanos no ocurrió hasta que un individuo comprendió el mensaje transmitido por otro individuo. El origen de la humanidad es básicamente fonémico (un sonido con significado).

∽

Acá, tal vez tendríamos que hablar brevemente de la inteligencia artificial (IA) para poner algunas ideas en contexto. Intentar encontrar la consciencia en los grandes modelos de lenguaje (LLMs) va a resultar imposible por varias razones, una de ellas es que el LLM no tiene sentidos, su mente no es híbrida como la nuestra. Tiene toda la apariencia de mente humana, pero no puede sentir porque no nació como animal, y no hay manera de explicar o transmitir el concepto de sensación o sentimiento a una entidad no sintiente. El LLM no está vivo. En ese sentido, la IA ha sido ampliamente sobreestimada.

Un texto incluye pensamientos, ideas, sentimientos y sensaciones, pero solo es la expresión lingüística de esas ideas, etc. Por lo tanto, el LLM es una iteración secundaria de la idea, sensación o sentimiento originales, y es bastante superficial. El LLM es una creación humana, un modelo de lenguaje implantado en una máquina que no puede entender cómo funciona la cultura (que creó ese idioma). Hasta ahora, el LLM adopta la cultura del idioma que se le ingresa sin llegar a comprender o nada que se le parezca.

Hay nuevos proyectos ambiciosos que implican una transición hacia LLMs más centrados en la integración multimodal. El concepto suena bien, pero el hecho es que la IA funciona en un entorno digital, que ni siquiera se acerca a las funciones biológicas (electroquímicas). Nunca habrá sensación donde no haya vida.

La autopercepción y la identidad tienen naturalezas totalmente diferentes. Se puede ser consciente de uno mismo cuando se sueña, pero no se tiene identidad. Tampoco se tiene razonamiento. Normalmente, los sueños son irracionales, no tienen sentido. Son un producto de la mente individual, pero no incluyen ninguna función realmente cognitiva.

Solo reproducen experiencias carentes de razón. Desconocemos su función última. Solo somos racionales cuando estamos conscientes. La cognición se usa para comunicarnos con otros seres humanos. Es entonces cuando necesitamos usar la lógica. Irónicamente, la sintiencia no tiene sentido.

No he inventado ninguna de las palabras que estoy usando para escribir esto, y tampoco lo ha hecho la persona que lo lee. Ambos somos hablantes de un idioma y miembros de una cultura.

Los neurocientíficos, por supuesto, aceptan la interacción entre humanos como un hecho. La diferencia es que asumen que la consciencia se genera dentro del individuo. ¿Puede ser ésa una suposición correcta? Lo que se genera dentro del individuo son los sentidos, que incluyen la experiencia, y la autopercepción, pero no incluyen la identidad, por ejemplo, que es una noción generada por el intelecto. Las madres, y en cierta medida los padres, son quienes ayudan a generar el lenguaje y la cognición en el niño. Solo enseñan a sus bebés e infantes lo que a su vez aprendieron de sus padres. El intelecto humano ha necesitado la transmisión de información durante incontables generaciones.

La consciencia humana ha evolucionado de manera extraña, quizás porque cada individuo comienza desde cero. Cada niño aprende todo inter subjetivamente. Cada niño es como un nuevo disco duro. Como Borges notó en *"El testigo"*, la experiencia se pierde para siempre cada vez que alguien muere. Algo bueno es que los seres humanos tenemos sistemas de notación y grafemas de todo tipo. Por suerte, muchos pensamientos y sentimientos sobreviven al individuo.

Lo que estamos diciendo nos lleva a una situación opuesta a la consciencia en la inteligencia artificial, es decir, la consciencia en el recién nacido. La IA no es un ser vivo y nunca llegará a estar ni viva ni consciente, mientras que el recién nacido está vivo pero aún no ha adquirido consciencia.

Me imagino que los bebés recién nacidos tienen experiencias sensoriales desde el nacimiento y aventuraría que los fetos incluso podrían tener algunas experiencias prenatales. Es posible que en los recién nacidos se integren experiencias sensoriales y algunas experiencias cognitivas básicas para responder a su nuevo entorno. Aunque hay algunas funciones intelectuales que pueden no implicar el lenguaje, me resultaría bastante increíble que hubiese alguna función cognitiva prenatal.

En cierto modo, me parece que explicar la consciencia humana desde una perspectiva cronológica proporciona una imagen más clara: la humanidad se originó con un "fundamento": la vida; es decir, nuestros primeros ancestros fueron criaturas vivas muy básicas; luego se convirtieron en mamíferos sintientes; luego se convirtieron en una de las especies de primates; luego apareció el lenguaje entre esos primates, lo que constituyó un fenómeno meta-evolutivo y añadió una capa adicional de intelecto sobre los sentidos; luego los grupos humanos se convirtieron en culturas y estas, a su vez, se convirtieron en civilizaciones. En esta explicación, la cognición, o el intelecto, si se prefiere ese término, se adquiere y se transmite a través de la cultura, y solo a través de la cultura. Una vez adquirida, la información se convierte en conocimiento.

Desde ese momento, el intelecto queda incluido dentro de la consciencia humana, se convierte en una adición humana, una capa sobre nuestra consciencia exclusivamente animal, pero el análisis, creo yo, es más claro mediante la explicación cronológica. Para tomar prestada la terminología (microcósmica) existencialista, la existencia precede a la esencia. Yo agregaría que fuimos [biológicamente animales] antes de convertirnos [en seres culturalmente humanos]. Lo interesante de todo esto es que, cronológicamente, se aplica tanto al individuo como a la sociedad. También hay una circularidad en ello: un individuo humano inició la cultura; y la cultura sigue creando individuos humanos, por así decirlo.

LENGUAJE Y CULTURA

"En cuanto se empezó a usar el lenguaje, medio arte y medio instinto, habrá seguido un gran avance en el desarrollo del intelecto; ya que el uso continuo del lenguaje habrá reaccionado sobre el cerebro y producido un efecto hereditario; y éste a su vez habrá reaccionado con la mejora del lenguaje. Como el Sr. Chauncey Wright bien dijera, el volumen del cerebro en el hombre en relación con su cuerpo, comparado con los animales inferiores, debe atribuirse en gran parte al uso temprano de alguna forma simple de lenguaje,- ese maravilloso motor que adjunta signos a todo tipo de objetos y cualidades, e incita hilos de pensamiento que nunca habrían surgido de la mera impresión de los sentidos, o que, de haber surgido, no habrían podido desarrollarse. Los altos poderes intelectuales del hombre, tales como el raciocinio, la abstracción, la autopercepción, &c., probablemente surjan de la continua mejora y ejercicio de las otras facultades mentales."

- Charles Darwin, *"El Origen del Hombre"*

En *"El Origen del Hombre"*, Charles Darwin observó el efecto que el lenguaje (y la cultura, por supuesto) habían tenido en el cerebro humano. Podía ver el ciclo de retroalimentación que había actuado sobre el cerebro adaptativo y producido el crecimiento del neocórtex. Darwin intuyó que, en cierto momento, había ocurrido un gran salto (meta-evolutivo, agregaría yo) que colocó al *H. sapiens* mucho más allá de la sintiencia y de cualquier otra especie.

No es que el intelecto humano dependa totalmente del lenguaje, pero se podría decir que existe una consciencia humana pre-lingüística y una lingüística. Sus naturalezas son totalmente diferentes: una apareció con la vida como un fenómeno natural, mientras que la otra emergió como la explosión inter subjetiva de información y conocimiento que sigue creciendo hasta el día de hoy.

Como ya hemos dicho, nuestras mentes operan a dos niveles distintos para lograr dos objetivos diferentes.

Una capa de la mente, la sintiencia, está ahí para mantener vivos nuestros cuerpos de forma individual. Al igual que todos los demás mamíferos, necesitamos de nuestros sentidos para ver, oler, escuchar, probar y tocar. Nos permiten movernos sin impedimentos en nuestro entorno, disfrutar de la comida o de la música; ver, oler o escuchar a depredadores, enemigos o parejas sexuales. Entre otras actividades vitales que necesitamos para sobrevivir como individuos, también podemos reconocer formas y texturas familiares con nuestros dedos, o hasta con los dedos de los pies, cuando no podemos verlas. Esa capa está totalmente relacionada con la biología, y es totalmente física. Es resultado de la evolución y, como ya hemos dicho, todos los mamíferos la tienen.

La parte biológica de nuestra consciencia, que también es la 'emocional', se concentra principalmente en la supervivencia, regula la temperatura corporal, la respiración y los latidos del corazón, por ejemplo. Ése es el componente animal (en contraposición al humano). Cuando hay trauma o peligro, la mente decide su respuesta: o lucha o huye. Todo tipo de substancias químicas inundan nuestro cuerpo, desde adrenalina hasta cortisol. El pensamiento racional está ausente. Incluye también al subconsciente, como ocurre en los sueños.

Ese componente es el que permitió a nuestros ancestros (y aún permite a otros animales) funcionar como partes integrales de la naturaleza.

Al inicio de este capítulo, vimos que Charles Darwin había intuido que el lenguaje influía enormemente en la cognición. Podía suponer que el dualismo proporcionaba una buena explicación para la consciencia. El siglo diecinueve fue un período en el que la única opción que Darwin tenía era elegir entre el materialismo o la religión. Él eligió el materialismo. A menudo repetía que los seres humanos eran demasiado orgullosos para creer en algo que no fuera la Creación: *"El hombre, en su arrogancia, se cree una gran obra, digna de la intervención de una deidad; es más humilde creo yo, y verdadero, considerarlo como un ser nacido de animales"*.

El lenguaje y la cognición parecen desarrollarse casi simultáneamente. De hecho, no sabemos si hay un intelecto humano real sin lenguaje. Es muy difícil imaginar a la humanidad sin lenguaje.

Algunos sistemas de escritura son tan sofisticados que permiten transmitir el pensamiento directamente aunque, por lo general, tienen algún componente fonético. Los ideogramas chinos y japoneses, como los *kanji* en japonés y los *hanzi* en chino, pueden transmitir ideas sin necesitar el sonido. La idea puede ser procesada visualmente directamente por el cerebro. Por ejemplo, 竹 significa "bambú" tanto en chino como en japonés. En japonés se pronuncia [ta:ke]; en chino es [tzūdzə] con ligeras variaciones de tono del cantonés al mandarín. El símbolo es el mismo. Estos grafemas, estos ideogramas, son realmente unidades de significado. No representan sonidos individuales, es decir, el lector lee el mismo símbolo en su propio idioma, que tiene otro sonido.

Por supuesto, los seres humanos podemos pensar sin producir ningún sonido. Eso se llama "habla interna". Algunos niños pequeños tienden a vocalizar sus pensamientos por un tiempo, hasta que descubren que no necesitan hacerlo. La mayoría de los seres humanos tenemos esa voz interna, que nos ayuda a articular el pensamiento más claramente en la mente. La fuerza de esa articulación es tal que, a menudo, especialmente al leer, la laringe produce pequeños movimientos reflejos que acompañan a la voz interna.

Si pensamos que la alfabetización comenzó hace milenios, leer sin hacer sonido alguno es una innovación bastante reciente. En una época en la que las personas solo leían en voz alta, San Agustín se maravillaba de San Ambrosio, que sabía leer en silencio:

"Pero cuando leía, sus ojos recorrían las páginas y su corazón buscaba el significado, pero su voz y su lengua descansaban. A menudo, cuando íbamos a verlo (porque a nadie se le prohibía entrar, ni él quería que se anunciara que venían a verlo), lo veíamos así, leyendo para sí mismo...". Alguien, en silencio, adquiere información a partir de símbolos. Bastante impresionante. Agustín no puede dejar de asombrarse de su propia consciencia.

"¿Cómo es que tengo consciencia?"—dice Agustín—*"y los animales no?" "Me vuelvo hacia mí mismo y me pregunto, '¿Quién eres tú?' y 'Alguien' me contesta. Y encuentro que en mí hay un alma, y un cuerpo; uno fuera, y el otro, dentro de mí... Los animales, grandes y pequeños, pueden ver el cuerpo, pero no se les puede preguntar, porque no tienen uso de la razón además de sus sentidos para juzgar lo que ven. Los hombres sí pueden hacerlo..."* Lo interesante es que Agustín ve que él es en parte su cuerpo, y que su alma está "dentro" de ese cuerpo. En otras palabras, sitúa su auto percepción en un lugar intermedio entre el cuerpo y el alma. Pero hay que entender que Agustín vive en una época en la que la psique no es la consciencia, sino un alma dada por Dios.

En este capítulo estamos discutiendo el lenguaje y la cultura. Aparte de los gestos—que a menudo implican lenguaje, o están incluidos en el lenguaje—, lo que la comunicación entre individuos humanos necesita es un idioma mutuamente inteligible. Eso significa que, para comunicarse con cierto grado de sofisticación, los individuos necesitan pertenecer a la misma cultura y utilizar un mismo idioma.

Si el tiempo es una construcción humana—como yo, entre otros, afirmo— que se desarrolló dentro de la cultura humana, o un dispositivo que usamos para explicar nuestra memoria episódica de largo plazo, el tiempo solo existe dentro de la cultura humana. Según lo hayan necesitado, es posible que algunas culturas no hayan desarrollado el concepto de tiempo en absoluto, o hayan desarrollado un concepto parcial o diferente del tiempo de lo que consideramos "normal" en Occidente.

Un estudio reciente realizado en la Universidad de Osaka descubrió que fantasear produce pautas especiales en la actividad cerebral. El estudio confirma algo de lo que Gautama se dio cuenta hace muchos siglos. El cambio, el sufrimiento y la muerte son solo el resultado del pensamiento humano más allá del presente. Esos pensamientos auto generados provocan ondas especiales en el hipocampo—donde se forman y se recuperan los recuerdos. El divagar, que solo ocurre en los seres humanos, es el resultado de escenarios futuros imaginados, reminiscencias del pasado (por ejemplo, culpa y arrepentimiento por cosas que hicimos o dejamos de hacer) y temores hipotéticos. No hay duda de que el tiempo —un producto de la cognición humana—es el origen principal del estrés y la infelicidad.

Tenemos experiencias de la realidad, y la interpretamos de la manera en que lo hacemos porque estamos predispuestos por nuestro idioma y por la forma en que nuestra cultura percibe ese idioma.

Los Pirahã, una tribu amazónica bastante aislada, es probablemente un buen ejemplo de relatividad lingüística, es decir, que el pensamiento se ve afectado por el lenguaje y viceversa, en un ciclo de retroalimentación. El idioma Pirahã —que es de la Amazonia—, al igual que algunos idiomas de Melanesia, carece de números cardinales después de "uno" y "dos", aunque los que hablan Pirahã comprenden cantidades más grandes; no tiene colores más que *"claro"* y *"oscuro"* (tiene otras formas de explicar los colores: *"como sangre"*, para el rojo); e incluye un sistema de pronombres —que también pueden convertirse en sustantivos—extremadamente difícil de entender para los occidentales.

Para dar una idea de la dificultad que implica entender la gramática Pirahã, su sistema verbal tiene una cantidad de aspectos: perfectivo (completo), imperfectivo (incompleto), télico (alcanzar una meta), atélico, repetido y comenzado; pero tiene muy poca transitividad. Parece bastante claro que la forma en que se ha desarrollado el idioma Pirahã es un reflejo de la forma en que la tribu percibe el mundo. Los idiomas y las culturas se desarrollan según las necesidades de un grupo particular de hablantes en un entorno dado.

Otra cultura que desmiente la total universalidad del lenguaje son los Amondawa, otra tribu amazónica bastante aislada. No tienen una palabra para "tiempo". Cuando se les pidió que encuentren un equivalente para la palabra portuguesa *"tempo"*, encontraron su palabra para "*sol*". No parecen concebir el tiempo como un marco fluido y mensurable del cambio. Estos ejemplos pueden finalmente demostrar que el idioma influye en la manera en que la cultura entiende la noción del tiempo. Curiosamente, los hablantes de Kuuk Thayorre, en Queensland, Australia, cuando se enfrentan a algunas progresiones temporales (por ejemplo, el mismo hombre a distintas edades), tienden a seguir, en su pensamiento, la trayectoria del sol.

Los seres humanos podemos imaginar cosas que no existen, y podemos hacerlo individual o colectivamente. Yuval Noah Harari añade que el lenguaje humano tiene una cualidad extraordinaria que falta en cualquier otra forma de comunicación animal: aparte de imaginar cosas que no existen individualmente, los seres humanos podemos compartir esas ideas y expresarlas de forma colectiva.

Los seres humanos podemos añadir una capa extra a la realidad: podemos crear una realidad social especial e inventar las reglas que se aplican a ese colectivo. Son reglas constitutivas que todos los miembros de esa sociedad entienden y respetan. Desde que somos muy chicos, los seres humanos aprendemos sistemas con reglas cada vez más complejas que necesitamos obedecer para vivir en sociedad. Esos conceptos complejos e intangibles se transmiten solo porque el lenguaje humano es capaz de expresarlos y compartirlos.

George Steiner explica la naturaleza compleja del fenómeno de manera muy elegante:

"El lenguaje es ciertamente físico en el sentido de que requiere el juego de músculos y cuerdas vocales; pero también es impalpable y, por virtud de la inscripción y el recuerdo, libre del tiempo, aunque se mueva en el flujo temporal".

Según están las cosas ahora, los neurocientíficos siguen buscando el lugar en donde las neuronas generan la consciencia. Quieren averiguar dónde la sintiencia y la cognición se convierten en experiencia. ¿Cómo sabemos que sentimos algo? ¿Cómo sabemos que sabemos algo? La búsqueda no lleva a ninguna parte porque la pregunta que hacen es incorrecta. La experiencia crea neuronas, y no lo contrario, y los sentidos son biológicos, mientras que el intelecto es cultural, así como el lenguaje es cultural.

La sintiencia y la cognición se han desarrollado de tal manera que son capas distintas pero integradas. Las capas no se pueden separar de manera racional. Solo la meditación puede hacerlo.

Un estudio muy completo realizado por investigadores andaluces y estadounidenses descubrió que había "... *una red de 4.000 genes que se agrupaban en múltiples módulos expresados en regiones específicas del cerebro. Algunos de esos genes ya habían sido vinculados a la herencia de la personalidad humana en estudios anteriores*". Los genes se subdividían en dos sub redes: "*Una red regulaba la reactividad emocional (ansiedad, miedo, etc.), mientras que la otra regulaba lo que una persona percibe como significativo (por ejemplo, producción de conceptos y lenguaje)*".

Hallazgos así parecen apoyar las ideas que se expresan en este libro: 'dos capas distintas pero entrelazadas ("*redes de genes expresadas en el cerebro*") de la consciencia humana': una biológica, sintiente (*"ansiedad, miedo, etc."*) y otra cognitiva, meta evolutiva (*"por ejemplo, producción de conceptos y lenguaje"*).

Los lingüistas saben que solo en raros casos existe una correspondencia real y directa entre dos o más idiomas. Los traductores e intérpretes, por supuesto, son aún más conscientes de ello porque lo experimentan en su trabajo cotidiano. Esas diferencias aparecen en todos los niveles gramaticales.

Por supuesto, es posible buscar un origen universal del lenguaje o afirmar que nacemos con una plantilla de "tabula rasa" en nuestros cerebros que nos permite aprender y usar cualquier idioma. Nadie niega que podemos aprender cualquier idioma. Por supuesto, podemos entender otras culturas. La humanidad compartida de todas las razas es un hecho que no preocupa a la relatividad lingüística.

Pero también es imposible negar que la cultura y el lenguaje forman un estrecho bucle de retroalimentación. La traducción de un concepto puede implicar una cosmovisión filosófica que no ocurre en el idioma de destino. En esos casos, las expresiones realmente son intraducibles. Por lo menos, al traducirse, no incluyen todos los matices que se supone el interlocutor debe recibir.

Un buen ejemplo sería どぞよろしく (dozou yoroshiku), en japonés. En general, eso significa "Gusto de conocerte", por lo que puede ser traducido con esas palabras exactas, pero el significado real es "por favor cuide de mí" o "por favor, tráteme de manera favorable". Una forma más formal de decirlo en japonés sería どぞよろしくおねがいします (dozou yoroshiku onegai shimasu), que se puede traducir como "Encantado". Pero en realidad significa "estoy muy agradecido por cualquier apoyo que pueda proporcionarme" o algo parecido. Se incluye "Por favor" dos veces, en diferente forma, en la oración. Los hispano hablantes encuentran difícil entender estos conceptos. ¿Qué tal?" suena mucho mejor. Así es como funciona, o parece funcionar, la traducción. Cuando eso sucede, el traductor o intérprete sabe que la transferencia cultural semántica no ha ocurrido realmente, es decir, el significado real, el alto grado de respeto implícito hacia la otra persona, no se ha transmitido (ni puede transmitirse, ni entenderse, cuando el interlocutor es monolingüe).

Una mente occidental encuentra casi imposible entender ese nivel de respeto. El otro lado de la moneda es que una mente asiática encuentra al individuo occidental extremadamente individualista, hasta el punto de ser a veces culturalmente inaceptable. Para el oído asiático, los occidentales muchas veces suenan groseros. Hay razones históricas, filosóficas y religiosas para que ambas partes piensen de esa manera, y eso es lo que estamos intentando explicar en este libro.

El ejemplo que acabo de proporcionar es uno extremo. Pero hay innumerables ejemplos como ése.

Los estudios sobre el condicionamiento cultural/lingüístico que confirman la Relatividad Lingüística están comenzando a realizarse con más frecuencia, a medida que los investigadores empiezan a aceptar la posibilidad de un marco no universalista para el estudio de la consciencia. Cualquier persona monolingüe, al encontrarse con una cultura diferente—cuando se encuentra entre personas que hablan otro idioma—a menudo experimenta lo que se conoce como "choque cultural". Las características de su idioma implican otra perspectiva del mundo. Humboldt solía decir que diferentes idiomas reflejan diferentes visiones del mundo, que el idioma da forma al pensamiento. Y, de hecho, hay retroalimentación: las palabras moldean los pensamientos y viceversa.

∼

¿Cuándo adquirimos la cultura humana? Veamos lo que las comparaciones de Rebecca Wragg-Sykes (*Kindred - Neanderthal Love, Life, Death and Art*) con nuestros ancestros neandertales nos dicen sobre la cultura del *H. sapiens*. Wragg-Sykes se pregunta: *"¿Es realmente posible que haya habido un 'momento de revelación' cuando una nueva mutación o combinación genética llevó las tendencias del H. sapiens hacia tradiciones artísticas más formalizadas, o entierros más formales? Nuevamente, la realidad es incómodamente incierta."*

Su suposición sobre *"una nueva mutación genética"* parece estar cerca de lo que los neurocientíficos creen. La realidad puede ser incierta, pero el sentido común parece dictar que los *H. sapiens* estaban más avanzados en el largo proceso de adquisición del lenguaje. En comparación con los neandertales, los *H. sapiens*, que vivían en grupos más grandes, parecen haber tenido un lenguaje más desarrollado (¿probablemente recursivo?) que permitía una creación artística y un tratamiento más elaborado de los muertos.

∼

Humboldt pensaba que la literatura conducía a la esencia de un idioma. Eso, creía él, era el *"espíritu del lenguaje"*. La lingüística, sin embargo, se desarrolló básicamente estudiando el lenguaje en términos de forma más que de profundidad, de esencia. Las ideas de Humboldt estaban relacionadas con la manera en que algunos aspectos de una cultura coinciden con el desarrollo de su lenguaje y viceversa.

Durante el siglo XX, los lingüistas generalmente creían que su disciplina debía considerarse como algo científico, en lugar de algo más cercano a las humanidades. La forma en que el lenguaje puede influir en la cognición y la forma en que la cultura puede influir en el lenguaje se consideraban áreas nebulosas que estaban fuera de su campo.

INTERÉS EN EL MISTICISMO ORIENTAL

"No quiero escuchar todas tus descripciones de palabras palabras palabras que inventaste todo el invierno, muchacho, quiero ser iluminado por acciones."

Jack Kerouac - *Los vagabundos del Dharma*

"Fui al bosque porque quería vivir deliberadamente, enfrentar solo los hechos esenciales de la vida, y ver si no podía aprender lo que ésta tenía para enseñar."

Henry David Thoreau - *Walden o la Vida en los Bosques*

"Así como el agricultor riega un campo, el flechero hace

INTERÉS EN EL MISTICISMO ORIENTAL

una flecha, y el carpintero da forma a un pedazo de madera, así el sabio doma su propio ser."

Gautama Buda - *Dhammapada*

---

*L*os primeros contactos con el Oriente, los de viajeros como Marco Polo, por ejemplo, fueron pocos y en distintas épocas. Europa estaba sumamente interesada en el comercio con el Oriente, y también en su arte, religiones y filosofías. Sin embargo, entre Europa y el Lejano Oriente había un obstáculo físico: el Islam.

Aquí, quizás deberíamos incluir algo de contexto histórico. Desde principios del siglo VIII EC, la Península Ibérica había sido invadida y ocupada por los moros. Europa estaba rodeada por naciones musulmanas belicosas que dificultaban mucho el acceso al comercio y al contacto con el Lejano Oriente. Los piratas de la Costa Berberisca y los otomanos recorrían el Mediterráneo, aterrorizando a las poblaciones costeras europeas. Las Cruzadas intentaron abrirse paso, pero finalmente fracasaron. En 1453 EC, como explicáramos, Constantinopla cayó ante el ataque de los turcos otomanos. La ciudad era el último bastión de lo que había sido el principal Imperio cristiano: Bizancio. Para 1492, tras la caída del Reino musulmán de Granada ante los Reyes Católicos, Europa—especialmente la Península Ibérica—inició su expansión para obtener acceso al comercio, más que nada de especias, que eran vitales para mantener los alimentos durante períodos más prolongados. Portugueses y españoles iniciaron sus expediciones hacia lo que llamaban "las Indias", alrededor de África y a través del Atlántico, respectivamente. Mientras tanto, los otomanos siguieron avanzando profundamente en Europa hasta 1571, cuando la Liga Santa, una coalición de estados católicos, les infligió una gran derrota naval en Lepanto. El Mediterráneo volvió a estar en manos europeas. Mientras tanto, las carabelas portuguesas y españolas habían llegado a la India, la China y el Japón. Ese fue el comienzo de una fascinación europea por su cultura, filosofías y religiones.

Para los siglos XVII y XVIII EC, los europeos habían adoptado estilos decorativos llamados *'chinoiserie'*, que copiaban motivos y técnicas chinas en muebles y textiles.

Pero en Japón, después que los misioneros jesuitas portugueses lograran sus primeras conversiones al cristianismo en el siglo XVI, el shogunato Tokugawa, temeroso de la influencia occidental, cerró el país por más de doscientos años (para entender este período, recomiendo *'Silencio'*, una película de Martin Scorsese).

En 1852-54, la Armada estadounidense, comandada por el almirante Perry, impuso la reapertura del comercio, lo que resultó en la Restauración Meiji. El Occidente quedó nuevamente fascinado por el Oriente y su estética. El trabajo de laca *'japanned'* imitaba el sofisticado trabajo de los artesanos japoneses, y Giacomo Puccini componía *'Madama Butterfly'*.

La reapertura del contacto significó que personas como Ernest Fenollosa, un académico estadounidense, pudieran dedicarse al estudio del arte, la cultura y la literatura japonesa. Fenollosa vivió algún tiempo en Japón y finalmente se convirtió al budismo. Él, y su asistente, Okakura Kakuzō, fueron muy influyentes en un cierto renacimiento de la cultura japonesa y un renovado interés académico en el budismo en Occidente.

Durante su período de estudio, Fenollosa descubrió algunos antiguos rollos chinos. Monjes viajeros habían llevado esos rollos con las enseñanzas de Buda desde China a Japón. Muchos de sus descubrimientos fueron importantes. A la muerte de Fenollosa, la viuda le donó sus escritos a Ezra Pound, quien publicó traducciones de poesía china y obras de teatro Noh.

Mientras tanto, autores como Herman Hesse (*Siddharta, El juego de Abalorios*), y más tarde Alan W. Watts (*El camino del Zen, El Libro*), presentaron principios y prácticas budistas a los lectores occidentales, o los insinuaron en cuentos y novelas.

Durante las décadas de los cincuenta y sesenta, escritores de la Generación Beat como Jack Kerouac (*En el camino, Los vagabundos del Dharma*) y Allen Ginsberg, entre otros, comenzaron a explorar las costumbres y formas del Oriente y experimentar con drogas. La contracultura estadounidense en particular se basaba, en esos días, en la filosofía y el misticismo orientales. Algunos autores, pensadores y artistas comprendieron las profundas diferencias que existían entre su cultura y el la del Oriente y estaban ansiosos por explorarlas. Otros, más superficiales en su enfoque, solo tenían curiosidad por la naturaleza "misteriosa y exótica" del Oriente.

Con su libro *'Una Introducción al Budismo Zen'*, D.T. Suzuki, un académico japonés y traductor, que enseñó en varias universidades occidentales y japonesas, hizo mucho para popularizar la cultura oriental en el Occidente.

Partiendo desde experimentaciones con la meditación y el arte oriental, los artistas literarios de vanguardia, animados por académicos como Timothy Leary, pasaron directamente a los hongos, LSD, peyote y otras drogas psicodélicas. Un derivado de eso fue el libro *'Las enseñanzas de Don Juan'* de Carlos Castañeda, seguido por una serie de obras sobre chamanismo que eran mayormente ficción.

Por supuesto, desde las décadas de los veinte y los treinta hubo pensadores y filósofos occidentales aislados que habían incursionado en conceptos orientales referentes a la consciencia. Michel Foucault, por ejemplo, y su atención a las relaciones individuales; Wittgenstein, quien afirmó, de manera ilustre, algo muy cercano al Zen: *"Sobre aquello de lo que no se puede hablar, mejor es callarse"*; y eminentemente, Schrödinger—el físico famoso por su paradoja del gato en la caja—que estableció una relación muy clara entre el budismo y la física cuántica en un momento en que esas comparaciones no se tomaban en serio. Schrödinger, sin embargo, tenía la estatura para poder hacerlo (y un Premio Nobel que lo respaldaba).

Jorge Luis Borges dio varias conferencias sobre el budismo y, a finales de los setenta, escribió un libro con Alicia Jurado titulado *¿Qué es el budismo?* Aunque fascinado con el tema desde la infancia, Borges mismo admitía que nunca lo había entendido. Eso se evidencia en el libro, y en sus ensayos y conferencias sobre la vida de Gautama Buda; por ejemplo: *"La realidad puede ser demasiado compleja para la transmisión oral; las leyendas la recrean de una manera*

que solo es accidentalmente falsa y que permite que viaje por el mundo, de boca en boca" (de *Formas de una Leyenda, Otras inquisiciones*). Como explicación del rechazo budista a la cognición, falla dos veces: lo que no se puede transmitir oralmente es la percepción de la realidad con los sentidos; además, *'leyenda'* (que etimológicamente proviene del latín *'legere', 'leer'*), es aún menos aceptable para transmitir la esencia del budismo.

Borges habla sobre el budismo como una religión, lo cual puede ser parcialmente cierto en determinados lugares, pero eso no explica la esencia del budismo. Varias veces habla de la *'fe'*; nuevamente, lo hace desde la perspectiva de la fe religiosa, o cristiana, desde una perspectiva muy occidental.

La ironía es que Borges, a pesar de toda su brillantez y erudición universales, se mantuvo toda su vida como argentino (con un fuerte trasfondo europeo), y solo se animaba a percibir el Oriente como forastero.

Y lo que es aún más interesante es que cuentos como *'La escritura del dios'* o *'Las ruinas circulares'* son historias esencialmente budistas.

Una cosa que me impresionó todavía más fue la similitud entre la esencia de *'El Aleph'* y una de las expresiones de Dōgen sobre la experiencia del *satori*: '*Todo el mundo puede encontrarse en la partícula más minúscula'*.

El movimiento hippie continuó donde habían dejado los beatniks. George Harrison, a quien siguió más tarde el resto de los Beatles, entabló amistad con varios músicos asiáticos, siendo Ravi Shankar el principal entre ellos, lo que dio un impulso increíble a la incursión en la cultura oriental.

Siguiendo la tendencia musical y filosófica establecida por las celebridades, muchos jóvenes viajaron al Oriente, especialmente a la India y al Japón, en busca de alternativas e iluminación en escuelas, *ashrams* y monasterios Zen. Hubo *gurus* reales, *sadhus* y *swamis*, como así también falsos maestros.

Jiddu Krishnamurti fue un verdadero filósofo y autor que escribió varios libros y tuvo una gran cantidad de seguidores en Occidente. Otros, como Bhagwan Shree Rajneesh (también conocido como Osho), crearon cultos que reunieron a miles de adeptos, con promesas de iluminación alternativa que resultaron infundadas. Bhagwan fundó Rajneeshpuram, un gran *ashram* en Oregón en la década de 1980, pero finalmente fue deportado de los Estados Unidos bajo sospechas de actividades delictivas.

Steve Jobs, como muchos de su generación, hizo su peregrinaje a la India de joven, en busca de iluminación. Su devoción por el pensamiento oriental y el budismo Zen continuó a lo largo de su vida. Como el genio empresarial que era, y como la persona que había encontrado la conexión entre la tecnología, el diseño y las humanidades, probablemente haya experimentado cierto placer—tal vez felicidad—y compartido parte de esa felicidad entre los devotos de Apple. Pero, me aventuraría a decir que, como hombre autista, la iluminación le fue esquiva. Según Walter Isaacson, su biógrafo, Jobs siempre vivió como un individuo esencialmente occidental.

Aparte de los contactos entre Oriente y Occidente, las diferencias entre sus enfoques hacia la consciencia han mantenido a ambas culturas como entidades separadas con pocos puntos en común.

De manera sorprendente, la mecánica cuántica ha llegado ahora (mucho después de que Schrödinger fuera ridiculizado por ello) a un punto en el que existe cierto acuerdo con el budismo. En los años setenta, un libro de Frijof Capra, un físico (*'El Tao de la física'*), predijo exactamente eso.

Hoy en día, cada vez más científicos coinciden en que la mecánica cuántica no parece calzar bien con el concepto de la realidad objetiva (sobre el cual, permítaseme repetirlo, se basan la filosofía y la ciencia occidentales). Sin embargo, una interpretación de la mecánica cuántica parece coincidir perfectamente con la 'filosofía' budista.

En Occidente, entonces, hay una renovada aceptación de los principios del budismo. El budismo, de todos modos, no necesita demostrar nada. Simplemente es.

EL BUDISMO EN LA INDIA Y EN LA CHINA

"Por supuesto que tenéis incertidumbre, Kalamas. Por supuesto que tenéis dudas. Cuando hay motivos para dudar, nace la incertidumbre. Así que en este caso, Kalamas, no os guiéis por informes, leyendas, tradiciones, escrituras, conjeturas lógicas, inferencias, analogías, acuerdos mediante la ponderación de puntos de vista, probabilidades, ni por el pensamiento 'Este contemplativo es nuestro maestro'. Cuando vosotros mismos sepáis 'Estas cualidades son malas; estas cualidades son dignas de culpa; estas cualidades son criticadas por los sabios; estas cualidades, cuando se adoptan y se llevan a cabo, conducen al daño y al sufrimiento', entonces deberéis abandonarlas."

Gautama Buddha - *Sutta de los Kalamas*

EL BUDISMO EN LA INDIA Y EN LA CHINA

"Los filósofos budistas, durante siglos de discusión con sus interlocutores filosóficos hindúes, han dado razones convincentes para rechazar la inteligibilidad y la existencia de las propiedades intrínsecas. Sus argumentos han inspirado a filósofos analíticos y físicos cuánticos a mantener la primacía de las relaciones sobre las entidades con propiedades intrínsecas."

Frank, Gleiser & Thompson - *El Punto Ciego*

El hecho de que el budismo haya aparecido en la India cuando ya había grandes ciudades en el subcontinente no es de sorprender. Desde épocas inmemoriales, los seres humanos habían vivido en pequeños clanes. Hasta ese momento, los instintos humanos se habían adaptado sin mucho problema a vivir en grupos más grandes que los clanes pero más pequeños que las ciudades: las tribus parecen haber constituido un límite, todavía cómodo, para el individuo. Antes de eso, el entorno de cazadores recolectores era una situación en la que los seres humanos funcionaban muy bien. La civilización complicó mucho las cosas.

Como cualquier otro animal social, los seres humanos, cuando se nos coloca en situaciones de hacinamiento, sufrimos todo tipo de problemas, como el estrés competitivo, derivado de un estatus social o rango inferior, estados de ánimo depresivos, ansiedad o incluso un sistema inmunológico ineficiente. El deseo de prestigio o fama, riqueza y posesiones materiales solo ocurre en las grandes civilizaciones. En grupos más pequeños es inexistente.

Es bastante posible que la transición entre vivir en grupos de cazadores recolectores—incluso agrícolas—y la vida en una ciudad haya sido bastante traumática para algunos. Aparentemente, las antiguas ciudades en la India tenían el equivalente a comunidades cerradas, donde los grupos más acaudalados disfrutaban de sus privilegios, excluyendo a la mayoría, que tenía que trabajar sin gozar de demasiada libertad. La aparición de fakires, yoguis y otros mendicantes alrededor de las primeras ciudades indias no puede haber sido una coincidencia. Ésas eran personas que no lograban integrarse, y que encontraban que la competencia que tenían que sufrir para poseer cosas materiales dentro de la ciudad no valía la pena. La vida era sufrimiento. Había una especie de nostalgia por una vida más sencilla.

El budismo—que debe haber sido una mezcla entre hippismo e izquierdismo—parecería haber surgido del hinduismo como un rechazo a la brutalidad de la civilización. Aquí, la comparación con el cristianismo también es muy interesante. Gautama combinó los sentimientos de muchos de esos marginados, voluntarios o involuntarios. Aglutinó sus emociones y les proporcionó los motivos que necesitaban para su elección de estilo de vida. Lo que Gautama predicaba era una especie reactiva de no apego (a las cosas o a las personas). El retorno a una existencia más básica, que anhelaban, pero con una motivación especial. La civilización requería mucho pensamiento (y una vida en la que los sentidos tenían menos valor); los seres humanos podían disfrutar de una vida mucho más placentera a través de la experiencia básica sin posesiones materiales. No hay nada que dure para siempre, las cosas cambian. ¿Por qué aferrarnos a cosas que no duran? ¿A qué precio? Pero lo más importante que predicaba era la aceptación de lo que sucede en el presente. La aceptación era sabiduría. La sabiduría era lo más cercano a la felicidad que los humanos podían esperar. Vivir contentos.

Sabemos que el budismo, en la India, al igual que el cristianismo en Judea, comenzó, literalmente, en la periferia de la religión principal, en este caso, el hinduismo. Aunque el cristianismo rechazaba el sacrificio, la venganza y la violencia en general—y podemos ver eso en el desprecio de Mateo por la Ley del Talión y en el consejo de Cristo de ofrecer la otra mejilla, entre otras cosas—por lo general aceptaba el crecimiento de la sociedad y la civilización de Judea, y pedía a las personas que se unieran a la secta. Los monasterios occidentales terminaron siendo parte de una institución más grande —la Iglesia—y operaban dentro de ese marco. Los místicos y ermitaños no eran un fenómeno generalizado, ni tan notable como lo eran en Oriente. San Juan Bautista, pariente y mentor de Jesús, aun viviendo en una cueva en el desierto, invitaba a la gente a la comunidad judía y, al aceptarlos, les daba una identidad comunitaria. Bautizaba a multitudes en el río Jordán.

Gautama Buda, por otro lado, se convirtió él mismo en ermitaño y rechazó por completo las sociedades más grandes. Lo claro de sus enseñanzas es que no creía que el pensamiento, la lógica, la conjetura, la inferencia o la analogía pudieran conducir en absoluto hacia la paz, la felicidad, o la aceptación de la realidad. Nada más que la experiencia directa proporcionaba una respuesta válida a las necesidades del individuo. La comunión que buscaba era con la realidad natural más que con la sociedad. Rechazaba todo lo que considerara siquiera vagamente artificial o reñido con la naturaleza.

Es fácil concluir que Gautama había intuido la naturaleza dual de la consciencia humana que—en las sociedades más grandes—se reafirmaba con la introducción del uso extensivo del pensamiento, el lenguaje y la escritura. Su rechazo a todo lo que estuviese relacionado con el intelecto y su búsqueda de la paz en base a un retorno directo a los sentidos parece confirmarlo. Pero su mayor descubrimiento fue lo que él llamaba el "ser interior" y su unión con la naturaleza. La consciencia—descubrió—era el camino hacia el *nirvana*; la sabiduría solo provenía de la experiencia directa.

Por supuesto, las diferentes filosofías adoptadas por Gautama y Jesús produjeron resultados muy distintos. El Occidente terminó con una sociedad altamente individualista, mientras que en el Oriente, el individuo acepta las reglas del grupo en mucha mayor medida. En las sociedades orientales, la inter subjetividad es de suma importancia.

La paradoja es que el cristianismo insiste en una "comunión de cierto tipo"... —la sociedad siempre se considera como algo superior al individuo—mientras que el budismo recomienda buscar una experiencia interior "espiritual" *aparentemente* centrada en el individuo.

∼

En este capítulo, cito a Gautama, cuando les dice a los Kalamas que, si dudan, deben abandonar cualquier práctica que no sea lo que esperaban. Los Kalamas habían recibido la visita de brahmanes, quienes les habían dicho que su verdad, la verdad brahmánica, era la única real.

Gautama les dijo a los Kalamas que, si dudaban, si pensaban que los brahmanes les habían dicho algo que no era cierto, si pensaban que podía conducir al sufrimiento, debían abandonar esa creencia. Les dijo que experimentaran y averiguaran por sí mismos. Gautama también les aconsejó en contra de *"escrituras, ... conclusiones lógicas... o ... pensamientos"*. Con eso quería decir, *"no acepten explicaciones, solo experiencias"*...

Los escritos budistas ven a Gautama como alguien que en realidad emerge del hinduismo, pero con una búsqueda totalmente distinta. Es como el Martín Lutero del Oriente. La revelación viene *directamente* de los dioses. En un momento, en los antiguos textos en idioma pali, Brahma desciende de los cielos con una gran comitiva y le pide a Gautama que empiece a predicar, ya que su predicación salvaría a la humanidad. Gautama acepta.

Pero Gautama—descubrimos más tarde—no está buscando a Dios. Eso requiere imaginar que hay un Dios o dioses. Gautama predica enfocándose en algo que está lo más lejos posible de la divinidad: sugiere mirarse a sí mismo y buscar el ser interior. El mundo—dice—es incierto. El cambio es inevitable, al igual que el sufrimiento. Hay inevitabilidad en nacer, crecer, enfermar, envejecer y morir. Todo eso tiene que ver con el tiempo. Nada de eso tiene que ver con el presente.

Después de aceptar la solicitud de Brahma, va a Varanasi, mendiga y busca a cinco monjes que eran ascetas amigos suyos. Les muestra el Sendero Medio, que se encuentra entre la vida carnal y la vida ascética. Los monjes se convierten al budismo.

En el Sendero Medio—que él predica—Gautama dice que hay cuatro verdades: el sufrimiento, la causa del sufrimiento, el fin del sufrimiento y el camino que conduce al fin del sufrimiento.

Un principio interesante que surge del Sendero Medio es que rechaza el ascetismo—en el cual el individuo usa la oración o la mortificación, y se hace sufrir al cuerpo para lograr un fin superior—y también rechaza los deseos carnales, que eventualmente resultan en sufrimiento. Lo que queda es una vida natural de aceptación sin indulgencia pero tampoco negación. El Sendero Medio busca una especie sofisticada de reunión con la naturaleza: el descubrimiento del ser interior.

Debe haber existido un Gautama real además del mítico. En la India de ese momento, la cronología no era importante (parecería que todavía no les interesan demasiado las listas de reyes y batallas). Entonces, todo lo que nos queda es el Buda mítico. De todos modos, sería un desperdicio intentar narrar lo que la leyenda dice sobre él. Por ejemplo, decirle a una audiencia occidental que Buda entró en su madre por uno de sus costados en forma de joven elefante blanco con seis colmillos no tendría ningún significado.

Sabemos algunos detalles que parecen ser reales, como el hecho de que Siddharta Gautama tenía veintinueve años cuando comenzó a predicar. También sabemos que, antes de eso, tuvo varios maestros. Contrariamente a lo que dice la leyenda, su padre parece haber sido un rico latifundista nepalés de Kapilavastu, no un rey.

Lo que precede al budismo es una filosofía hindú llamada *Samkhya*. Básicamente, *Samkhya* es una concepción dualista de la realidad humana: en ella existe *Purusha*, una consciencia testigo masculina, que no puede ser definida ni analizada, y *Prakriti*, una consciencia femenina, que incluye aspectos cognitivos, morales, psicológicos, emocionales, sensoriales y físicos de la realidad. Entre *Purusha* y *Prakriti* yace *Buddhi*. ¿Es ése el origen del Sendero Medio?

En *Samkhya* podemos ver un germen del budismo. Pero también existen grandes diferencias. *Samkhya* se parece deleitarse en el análisis y la enumeración (estoy tratando de no incluir ninguna de las listas del pali o sánscrito aquí, ya que solo causan confusión).

Purusha quizás se asemeje un poco al *nirvana* o *satori*. Además, parece haber una conexión lingüística interesante de notar: *Prakriti*, la palabra, tiene una fuerte similitud con los *prakrits*, los idiomas que descienden del sánscrito.

Entonces, para *Samkhya*, el lenguaje—¿quizás el intelecto?— y la verdadera sabiduría parecen contradecirse mutuamente.

Algo que también precede al budismo real es *Vedānta*, una filosofía de sabiduría y salvación que durante milenios se transmitió oralmente. Es una especie de monismo panteísta. Solo el presente es importante.

El Vedānta afirma que el hombre continúa viviendo exactamente igual después del *nirvana*, como la rueda del alfarero que sigue girando después de que se termina la vasija. Un dicho Zen famoso es *"Antes del satori, cortar leña y acarrear agua; después del satori, cortar leña y acarrear agua"*. La iluminación no cambia al iluminado. En muchos aspectos, parece imperceptible.

Pero no es necesario detenerse mucho más en estas prácticas antiguas. Para nuestros propósitos, las religiones, filosofías y disciplinas indias que precedieron al budismo solo complican las cosas.

Incluso los seguidores de Buda complicaron las cosas al agregar ritos, enumeraciones, roles, explicaciones y supersticiones. Lo que nos interesa es cómo el Zen surgió de todas estas teorías complicadas. Cómo el Zen adquirió la elegante simplicidad que lo caracteriza.

La esencia estaba allí: Buda mismo rechazó los debates abstractos y presentó la famosa parábola del hombre que, herido por una flecha, no quiere que se la quiten hasta no conocer el nombre, casta, nacionalidad y otros detalles del arquero que disparó la flecha. Buda dijo que hacer eso era correr el riesgo de la muerte. "Estoy acá para enseñar cómo quitar la flecha"—dijo. Según él, todas las especulaciones eran inútiles.

Buda afirmó que el estado más alto al que puede aspirar un ser humano es el éxtasis, que se logra mediante la concentración meditativa. *Nirvana* es la única forma de salvación. El budismo, desde el principio, rechaza las existencias separadas de la consciencia y la materia, sujeto y objeto, alma y deidad (hay una sola realidad). Solo hay un sueño que no tiene soñador. El sueño está rodeado por la nada.

Gautama hizo una clara distinción entre depender de algo— o alguien—ajeno a nuestro verdadero yo. Puede traer placer temporal pero eso es todo. Predicó el no apego. El placer desaparece porque es artificial; paradójicamente, se basa en la separación. Viene desde afuera hacia adentro. El contento fluye desde adentro hacia afuera. El apego trae placer transitorio, que finalmente desaparece y conlleva dolor. El no apego significa alegría duradera.

Las identidades necesitan satisfacerse, necesitan posesiones externas, es decir, cosas, personas (!) y riquezas. Hay otras posesiones que son intangibles, como el estatus social y la apariencia física, la fama y el reconocimiento. En cualquier caso, una vez que el individuo necesita posesiones, la necesidad nunca desaparece, ese individuo va a necesitar más y más. Cuando se las quiten—y eso está obligatoriamente destinado a suceder porque las posesiones y las relaciones son transitorias— el individuo sufrirá.

Gautama no parece haber tenido la intención de fundar una religión. Su único objetivo era enseñar cómo liberar a sus discípulos del mundo de las apariencias. Según él, el *Nirvana* rompe el ciclo de las reencarnaciones. Ése es el fin del sufrimiento.

Advaida Vedānta se considera una escuela que todavía forma parte del hinduismo. La diferencia con el budismo *Theravāda* es que *Vedānta* afirma que no hay diferencia entre sujeto y objeto (la unidad de *Atman* y *Brahman*), mientras que *Theravāda* va un paso más allá y afirma la no dualidad de la realidad. Buda rechazaba los *Vedas* (o textos). Sin embargo, sus enseñanzas dieron lugar a textos como el *Canon Pali*, o *Tripitaka* (tres *Pitakas* o capítulos), que es una colección masiva (de unos sesenta volúmenes) de enseñanzas y dogma.

La doctrina *Hinayana* (el Pequeño Vehículo) es la primera versión del budismo propiamente dicho, mientras que la *Mahayana* (el Gran Vehículo) aparece alrededor del siglo II EC. La *Mahayana*, bastante parecida al *Samkhya*, está llena de divisiones y subdivisiones, enumeraciones, negaciones y afirmaciones. Ambas doctrinas comparten las nociones de la impermanencia del yo, el sufrimiento y la irrealidad del ego. También comparten las Cuatro Nobles Verdades, el *Karma* y el Sendero Medio. Ambas doctrinas rechazan la causalidad. Las cosas simplemente suceden. El individuo no existe en aislamiento.

En el Tíbet, *Mahayana* se convierte en Lamaísmo, que se institucionaliza como una teocracia, en la que hay muchos ritos y jerarquías. El Dalai Lama es el jefe de estado y el Pantchen Lama es el jefe de gobierno. El actual Dalai Lama vive en el exilio en India, después de la ocupación de Tíbet por la China comunista en 1949.

La manera en que el budismo viajó hacia el Este, hacia China, se convierte en un paso interesante en la historia de la filosofía o práctica, que en ciertos lugares se convierte en religión. Lo que sucede en la China es bastante complicado. La fecha aproximada en que ocurrió no está del todo clara. En cualquier caso, el budismo tuvo que enfrentarse a una tradición de varios siglos de Confucianismo. El Taoísmo fue otra fuerza importante fundada—al igual que el Confucianismo—en el siglo VI EC.

Lo que es seguro es que el budismo se hizo realmente influyente alrededor del siglo VI EC. Bodhidharma llegó a China en el año 526 EC. Hay muchas historias sobre el patriarca en la China. Según la leyenda, pasó nueve años meditando frente a una pared en la que su imagen quedó impresa; más tarde fundó el *Ch'an*, la secta de la meditación. La meditación implicaba sentarse cruzado de piernas, en lo que se llama la posición del loto, lo que se convirtió en *zazen* en japonés, y en concentrarse usando varios métodos diferentes, como repetir un *kōan* o un *mantra*, o recitar en silencio el nombre de un Buda.

El *Ch'an* simplificó las cosas. Hubo un rechazo total a las explicaciones complicadas y a los sesenta y tantos volúmenes del Canon Pali o cualquier otro texto antiguo. El sendero no se podía explicar con palabras. Incluso las estatuas de Buda no estaban ahí para ser adoradas. *Ch'an* significaba que la persona tenía que experimentar la iluminación en forma directa. No había sustituto para la experiencia porque la experiencia era todo lo que existía.

El *Ch'an*, como sabemos, llegó a Japón, donde se convirtió en Zen.

Así que, al no haber más palabras, sin Canon Pali, sin deidades para adorar, ¿cuál fue el resultado de esa transformación? No se puede llamar al Zen una religión, ya que no implica adoración. Tampoco se puede llamar al Zen una filosofía, porque no hay una búsqueda racional para explicar nada. El budismo surgió de una ideología que rechazaba al hinduismo, una religión politeísta —y de hecho se convirtió en una religión en sí misma, de nuevo, en Tíbet. Luego cruzó hacia China, donde se convirtió, esta vez, en un estilo de vida.

El Zen es, en muchos sentidos, un oxímoron. Lejos de ser una religión, sus practicantes son monjes mendicantes (pero trabajadores) de cierto tipo, si eso tiene algún sentido. Rechaza absolutamente el pensamiento, cualquier forma de lógica o actividad intelectual. Sin admitir preguntas, proporciona la respuesta más trascendental para cualquier ser humano: cómo disfrutar de la vida y encontrarle un significado. Más allá de eso, aunque es un tipo de misticismo, establece que no hay que rechazar el cuerpo, al contrario, dice que uno tiene que buscar su cuerpo interior.

Para una mente acostumbrada a los místicos cristianos, individuos como Santa Catalina de Siena, San Francisco de Asís, Santa Rosa de Lima o San Ignacio de Loyola, personas que aspiraban a una unión espiritual con Dios y rechazaban la carne como el centro del pecado, el énfasis en lo físico que promueve el Zen es difícil de entender. Buscar la unión entre el cuerpo y la naturaleza—la realidad y el ser—no parece realmente un tipo de misticismo. La diferencia, quizás, radica en el hecho de que el Zen no reconoce una realidad espiritual o sobrenatural. Lo que reemplaza a la mortificación, en el Zen, es la disciplina y el método. Unidos, ambos producen finalmente un tipo fuerte y distinto, de carácter moral, en la persona que lo practica.

Los místicos cristianos desean alcanzar un trance y ese trance los lleva a una unión especial con Dios, y eso tiene una cierta lógica. Existe un método: la negación de la carne conduce a una existencia espiritual. En Oriente, el enfoque es mucho más integral. No hay diferencias o definiciones de los lados buenos o malos de la humanidad. El Zen busca un completo entendimiento del todo. Hay una síntesis. En un punto especial, el que practica Zen alcanza la unión que busca, pero no con Dios. La unión es con la naturaleza.

Para el observador externo, el Zen parece ser un tipo de práctica oculta. Sin embargo, los resultados están a la vista. Y no hay magia alguna, solo que los métodos no son tan definidos y claros como la mente occidental querría que fueran. Nada es obvio. Los métodos y principios son totalmente intuitivos; vagos e indefinidos, por llamarlos así (están lejos de ser claros, hasta que el estudiante comprende, en forma de epifanía, cómo ocurre el cambio).

De hecho, el Zen es una forma muy refinada de misticismo práctico. Es la esencia del budismo, algo en lo que se convierte el budismo, en el Japón, después de siglos de búsqueda.

JAPÓN Y EL ZEN

"¡Qué difícil, entonces, y sin embargo qué fácil es entender la verdad del Zen! Difícil, porque entenderlo es no entenderlo; y fácil porque no entenderlo es entenderlo. Un Maestro declara que Buddha Sakyamuni y Bodhisatva Maitreya no lo entienden, cuando hay tontos ignorantes que sí lo entienden."

D.T. Suzuki - *Introducción al Budismo Zen*

我と来て遊べや親のない雀

— 小林一茶

"Wareto kite asobe ya oya no nai suzume"

"Gorrión huerfanito, ven y juega conmigo."

- Kobayashi Issa

遠山や目玉に写るとんぼかな

— 小林一茶

"Tōyama ya medama ni utsuru tonbo ka na."

"Montes distantes

Reflejados en los ojos

De una libélula"

— Kobayashi Issa

*E*l budismo *Mahayana* hizo su primera entrada al Japón en el siglo VI EC, pero no fue una entrada grandiosa; fue extraña, y fue algo que dice mucho sobre la naturaleza de la doctrina.

Los gobernantes de la Corte de Yamato, en Nara, habían tomado toda la tierra agrícola del Japón y habían logrado suprimir a los clanes principales. Era un gobierno fuerte.

En el año 538 EC, el Rey de Baekje, uno de los pequeños reinos de Corea, necesitaba ayuda de la poderosa Corte de Yamato. El Rey coreano envió, con su delegación, una imagen dorada de Buda, junto con algunos parasoles y escritos religiosos sagrados. Los regalos venían acompañados de una carta en la que el Rey expresaba su admiración por la doctrina budista: *'Entre todas las doctrinas, ésta es la más excelente. Sin embargo, es difícil de explicar y difícil de entender'*. La respuesta japonesa fue en términos similares: *'Nunca hemos tenido la oportunidad de conocer una doctrina tan maravillosa. Quizás no la entendamos nosotros tampoco'*.

El emperador entregó la imagen al jefe del clan Soga para que la disfrutara y adorara en privado. Los Soga querían que el budismo se propagase.

Pero, con un comienzo como el que había tenido, es fácil entender por qué el budismo no se propagó de inmediato. Además, había poderosas fuerzas nacionalistas que lo rechazaban: dos facciones rivales, los clanes Mononobe y Nakatomi, se oponían al budismo, afirmando que la imagen había causado una plaga. El templo en el que se alojaba la imagen terminó siendo incendiado y la imagen de Buda, arrojada a un canal por una multitud enardecida.

Sin embargo, para el año 857 EC, los Soga obtuvieron su venganza. Aniquilaron a sus rivales en batalla, construyeron el Templo Hōkōji (Templo de la Verdad Emergente) y fomentaron la propagación de la doctrina budista.

De alguna manera, el budismo y el shinto (el culto a los antepasados) aprendieron a coexistir. Ambos siguen siendo extremadamente populares e importantes en el país.

Para el siglo VIII EC, un monje llamado Saichō fundaba el budismo Tendai. Tendai es una escuela de budismo que incorpora tradiciones indias y chinas. Acepta la unidad de todas las escuelas budistas. Tendai enfatiza la interconexión de todas las cosas y la naturaleza de Buda de todos los seres. Tendai es la escuela que precedió directamente al Zen.

Saichō estableció la sede de Tendai en el Monte Hiei (Hieizan), cerca de Kyoto. Incluía tres mil edificios y la habitaban veinte mil monjes. Saichō favorecía la educación y la cooperación con el estado. Como resultado, Hieizan se convirtió en el principal centro educativo del Japón. Lamentablemente, el centro fue destruido en 1571.

Para el siglo XIII CE, un monje llamado Eihei Dōgen, después de estudiar en los monasterios de Hieizan, decide abandonar las enseñanzas del budismo Tendai y se interesa por el Zen. La escuela (conocida en China como *Ch'an*) había sido introducida al Japón por otro monje, Eisai, que la había aprendido en China. Siguiendo sus pasos, Dōgen va a la China en busca de iluminación. Después de cuatro años, se ilumina y regresa a Japón en 1227.

A lo largo de su vida, Dōgen dio varios sermones que fueron recopilados después de su muerte bajo el título de *Kana Shōbōgenzō* (Ojo Verdadero de la Ley). Fue escrito en japonés, a diferencia de otras obras sobre *Ch'an*, que estaban escritas en chino. La leyenda dice que el *Shōbōgenzō* es una destilación de las enseñanzas transmitidas por los Maestros Budistas desde Gautama Buda. El *Shōbōgenzō* hace referencia a la senda del despertar, es decir, a la senda del Zen, que no está incluida en los textos Pali. Hay varias versiones de él.

Según se dice, las primeras dudas de Dōgen tenían que ver con la necesidad de practicar. Si todos compartimos la misma Naturaleza del Buda, ¿por qué necesitamos practicar? Finalmente se dio cuenta de lo que otras especies animales entienden instintivamente: se aprende a construir un nido a través de la práctica; tampoco se les pregunta a los padres cómo cazar. Se observa, se imita, se emula. Así se convierte uno en cazador.

En Japón, los métodos de Dōgen fueron extremadamente exitosos. Todo el mundo puede practicar Zen. El tipo de meditación en la que él confiaba para alcanzar el *satori* era el *zazen*, que implica sentarse cruzado de piernas en silencio. Dōgen añadió tareas cotidianas a la práctica del Zen. Mantener la casa en orden se convierte, entonces, en un ejercicio cuasi-religioso.

Con los métodos de Dōgen, la meditación Zen se volvió tan difundida en Japón que sigue floreciendo hoy en día.

En realidad, y en línea con la total simplificación preconizada por el *Ch'an*, el principal método elegido por Dōgen fue eliminar por completo la enseñanza. Ése fue el refinamiento más importante a la doctrina de Gautama Buda. Sin enseñanza, sin explicación, sin palabras. Las personas que iban a su escuela se veían obligadas a encontrar el propio sendero a partir de sus recursos personales. No había oración ni ritual que los ayudara en su búsqueda. Todo lo que necesitaban era una espiritualidad ferviente, la fe en que existía algo más allá del yo. Luego, tenían que enfocarse en su meditación para lograr concentración y atención plena; el *satori* surgiría a partir de todo eso.

Fiel a los principios del Zen, Dōgen rechazaba todo tipo de honores, incluyendo una túnica púrpura enviada por el Emperador, que nunca se puso. Según el monje, que para ese entonces ya había fundado la secta Sōtō, él no necesitaba la aprobación ni el estímulo oficiales; su escuela de budismo era mucho más antigua que el gobierno Kamukura—decía—ya que había sido transmitida por generaciones de monjes, una a una, comenzando por el propio Buda.

Sōtō es una de las dos principales escuelas Zen en Japón. La otra es Rinzai. Hay pequeñas diferencias en la forma en que se conducen sus enseñanzas, pero ambas mantienen esencialmente las tradiciones del Zen.

Con el tiempo, el budismo Zen llegó a depender del favor oficial. Los emperadores buscaban el consejo de los monjes con respecto a muchos temas.

Los monjes Zen tuvieron un gran impacto en la vida japonesa, no tanto en términos de atraer las masas, sino en el cambio de hábitos de las clases altas japonesas. Muchos aspectos de la vida cotidiana fueron influenciados por los monjes: el diseño de los jardines, la ceremonia del té, la caligrafía y todo tipo de arte y literatura se convirtieron en áreas donde el consejo de los monjes Zen era casi esencial.

Por ejemplo, Musō Soseki, un maestro Zen del siglo XIII EC, nacido en la noble familia Masamura, fue un renombrado poeta y calígrafo, pero también se convirtió en una figura referencial en términos de diseño de jardines. Había estudiado las escuelas de Shingon y Tendai del budismo, pero después de tener un sueño en el que el fundador de la secta *Ch'an* lo visitaba en la China, decidió convertirse al Zen. Sus jardines incluyen árboles, arbustos y la vegetación habitual, pero también agregó características especiales como rocas y arena rastrillada para simbolizar, por ejemplo, la esencia de la vida humana. La intención de esos jardines es de fomentar la meditación. Los jardines de rocas son famosos en Occidente como elemento fácilmente reconocible del budismo Zen.

Los Maestros Zen en Japón coincidieron con los Maestros Shingon en que el *satori* era la meta más importante en la vida; sin embargo, siguiendo el ejemplo de Eisai y Dōgen, insistieron en la naturaleza altamente privada y personal de la iluminación. El Zen adquirió sus propias opiniones, separadas de otras doctrinas budistas. La esencia del Zen pasó a ser algo que se demostraba, en una atmósfera de meditación tranquila, más que 'enseñarse' en los monasterios. Entre los principios reconocidos que imperaban en esos monasterios estaban: 1) las tareas cotidianas son cosa de importante significado espiritual, y 2) el intelecto es algo inútil.

Los novicios finalmente descubren por sí mismos que el razonamiento se vuelve secundario y que la percepción intuitiva debe tomar control. Nadie puede alcanzar la iluminación a través de la lógica y el raciocinio. El Zen no puede enseñarse realmente mediante palabras, como puede suceder con otras doctrinas; tiene que ser demostrado, pero el aprendizaje independiente es la parte más importante del proceso. Los novicios tienen que comprender el Zen por sí mismos. Nadie puede hacer el aprendizaje por ellos.

Así que los acontecimientos diarios son importantes, al igual que aprender sin ayuda. La simplicidad es uno de los principios más importantes del Zen, y eso se aplica también a la estética Zen. Nada puede ser barroco, elaborado o artificial. Rodearse de cosas simples propicia sentir, eso es parte de la filosofía de los jardines de rocas, o de los espacios en blanco típicos de las pinturas monocromáticas en tinta *Suiboku-ga*.

La poesía Zen, especialmente un tipo de poema llamado *haiku*, refleja esa simplicidad:

La abeja que sale desde bien dentro de la peonía se va a regañadientes.

- Bashō

Como el pequeño arroyo que atraviesa las grietas cubiertas de musgo, en silencio yo también me vuelvo claro y transparente.

- Ryokan

La mayoría de los monasterios Zen tienen una gran sala llamada "Sala de Meditación", o *zendo*. Los monjes pasan mucho tiempo ahí, ya que es donde practican *zazen*, o meditación sentada. Cada monje tiene su propio espacio, una estera *tatami*, donde puede meditar, y también comer y dormir. Las *tatami* tienen aproximadamente dos metros de largo por un metro de ancho. Allí, los monjes guardan sus pertenencias, que son pocas.

Cada monje tiene un futón, pero no almohada. Cuando duerme, generalmente descansa la cabeza sobre sus efectos personales (túnicas, unos pocos libros, una navaja y algunos cuencos, que lleva en una caja). Tener o desear más posesiones se considera perjudicial para el espíritu.

La meditación no es la actividad principal en los monasterios Zen. Los monjes tienen que trabajar. Ninguna tarea es demasiado humilde para ellos; al contrario, cuanto más baja sea la tarea, mejor será para su vida espiritual. Tienen que barrer, fregar, cocinar, recoger leña para los hogares, labrar la tierra o mendigar en los pueblos que rodean el monasterio. Sin trabajo, no hay comida. Eso es parte de su 'filosofía' de vida.

El concepto del monje trabajador fue introducido por Hyakujo, un monje chino en el siglo VIII EC. La idea de Hyakujo va bien con el espíritu del Zen. El trabajo intelectual, o cualquier tipo de labor abstracta, no tiene valor para un monje.

Los monjes tienen dos (a veces tres) comidas al día. Las comidas son frugales, y consisten de arroz, a veces mezclado con cebada, sopa y verduras encurtidas. Sin embargo, el Zen no valora el ascetismo como tal. Simplemente, se supone que el monje debe usar lo que tiene y no desperdiciar nada. Después de la comida, no debe quedar ningún grano de arroz en el cuenco.

Se supone que los monjes llevan una vida sencilla, en la que la humildad y la pobreza son centrales. Eso no significa que no puedan disfrutar de la diversión o la risa. Sus vidas son laboriosas y ordenadas, y no se da cabida al sufrimiento inútil.

INTELECTO, IDENTIDAD Y TIEMPO

"El tiempo medido siempre presupone el mismo hecho ineliminable de que se experimenta la duración o el paso del tiempo. En el argot filosófico, la duración es un ejemplo de 'facticidad', algo que debe ser aceptado pero para el cual no se puede dar un fundamento o motivo. En términos budistas, la duración ejemplifica 'las cosas son como son', un carácter concreto del ser para el cual no se puede dar un fundamento conceptual."

Frank, Gleiser & Thompson - *El Punto Ciego*

En el capítulo sobre la *Consciencia humana* vimos que la consciencia incluye dos estratos distintos: los sentidos y el intelecto; que los estratos están entrelazados y que, de la manera en que se nos educa, esos estratos, capas, o componentes, raramente pueden separarse. Nacemos con sentidos, pero el intelecto se adquiere a través de nuestros padres, especialmente a través de nuestras madres, y a través de la familia y la sociedad mediante el lenguaje y la cultura. Tomó milenios, pero finalmente la cognición adquirió una primacía indiscutible sobre la sintiencia: es sumamente difícil dejar de pensar.

En circunstancias normales, el componente cognitivo realmente se superpone a los sentidos. De alguna manera, en nuestra vida cotidiana, necesitamos estar pensando constantemente. Es muy difícil dejar de hacerlo. Vivir en una sociedad civilizada requiere mucho más uso del intelecto que de los sentidos. Para sobrevivir en nuestras sociedades, necesitamos mucho conocimiento, mucha información.

El lenguaje y la cultura otorgan claras ventajas a nuestra especie. Ser capaz de comunicarnos entre nosotros nos permite vivir en grupos más grandes y crear grandes proyectos, y hemos desarrollado todo tipo de innovaciones a través de la filosofía, la ciencia y la tecnología. La cognición viene con muchos privilegios sobre otras especies animales, tales como la memoria, la imaginación, la creatividad y el deseo de aventura. También nos da el tiempo medido, algo que otras especies no tienen; no tienen 'tiempo' en el sentido de 'medida del cambio' y, en cualquier caso, no pueden medir.

Con la imaginación y el tiempo podemos pensar en las posibilidades de un futuro lejano; podemos aplicar estrategias a nuestras acciones. Esto implica escalas de tiempo mucho más largas que las de las tácticas. Los animales pueden usar tácticas. Las estrategias nos ponen varios movimientos por delante. Por eso, por ejemplo, podemos jugar al ajedrez.

La memoria de largo plazo significa que somos capaces de crear una identidad para nosotros mismos, que reconocemos como nuestra. La sociedad acepta esa identidad. La memoria de largo plazo y el lenguaje escrito también significan que podemos aprender no solo de nuestros errores, sino también de los errores de generaciones pasadas. Y estamos hablando de generaciones que desaparecieron milenios antes de nuestras vidas.

Como viéramos, es fácil pensar que somos nuestras identidades, es decir, tendemos a confundir la autopercepción, que es sintiente, con la identidad, que es cognitiva. La diferencia es que la identidad está asociada con el tiempo, mientras que la autopercepción existe solo en el presente. De hecho, somos el presente, nada más. El resto, cuando uno lo piensa, parece ser una ilusión. Pero cuando el Zen dice que es una ilusión, está diciendo que lo que realmente existe en el ahora es esta persona, este ser, no el niño pequeño, ni el joven, ni el anciano del futuro. Sin embargo, la progresión que hizo que pasáramos de bebé, niño, joven, al verdadero ser de este momento, fue algo que realmente ocurrió. La diferencia es que solo el intelecto lo recuerda. La sintiencia, el componente biológico de la consciencia, el que existe ahora mismo, el que puede mantenerlo a uno contento y en sintonía con el universo, no lo recuerda, de la misma manera que el pájaro no recuerda haber sido pichón. El pájaro simplemente es.

Los sentidos notan cuando ocurre el cambio. El presente es dinámico, el cambio ocurre de momento a momento. Hay un flujo que es natural de entender y fácil de aceptar.

Dōgen expresa el flujo del tiempo en términos muy simples: 'el tiempo es ser'. El momento en que uno deja de pensar en el cambio en términos intelectuales, es decir, en términos de tiempo, el flujo no tiene dirección, o es multi direccional: quizás fluya hacia ayer o hacia mañana. El ahora también puede fluir hacia ahora mismo. Lo sorprendente de esto es que el 'yo' que experimenta el flujo y el flujo mismo se convierten en una sola cosa. El resultado es una total despersonalización dentro de lo que Einstein habría llamado 'espacio-tiempo'.

Por otro lado, el intelecto analiza el cambio (lo que considera 'tiempo') y usa la imaginación para exacerbar sus posibilidades. Podemos querer ignorar lo que está por venir, o intentar luchar y mantener las cosas como están, o aceptar el cambio —esta última opción es la que la sintiencia utiliza naturalmente. Muchas personas se sienten ansiosas por su futuro y por lo que traerá. En realidad, cada elección que hacen en el presente decide lo que les va a suceder en el futuro.

Aceptar el cambio significa permitir que los sentidos tomen control. La meditación hace posible entender la dinámica pequeñísima del cambio. A medida que uno practica la meditación, se puede sentir cómo todo cambia y percibir mejor. Cualquier sentimiento, inducido por el pensamiento, de miedo, estrés, ansiedad o culpa, desaparece y se convierte en aceptación del momento.

Tenemos un pasado debido al increíble desarrollo de nuestra memoria episódica de largo plazo, y también podemos imaginar un futuro: *'En treinta años voy a pagar mi hipoteca y ser feliz; mientras tanto, tendré que sufrir'*. El Zen cuestiona la certeza de que estemos aquí en treinta años. No hay que pensar en eso, dice—hay que concentrarse en lo que está sucediendo ahora y vivir la realidad. De lo contrario, la mayor parte de la vida se pasa esperando una realidad que puede no llegar a ocurrir.

En nuestra vida diaria, sin embargo, es fácil pensar: *'Tengo un nombre. Veo las cosas desde esta perspectiva. Estoy separado del resto del mundo. Soy esta persona, soy la misma persona que era cuando tenía cinco años, y voy a ser el mismo individuo cuando tenga ochenta años'*. Pero hay diferencias. Si uno una foto de hace tres o cuatro años, se notan diferencias claras. Esas diferencias son notables incluso en períodos muy cortos. La identidad, esa realidad individual especial que nos mantiene por encima del resto de la realidad y nos permite analizarla, es un producto del lenguaje y la cultura (de la cognición). Antes de eso, solo teníamos autopercepción. El Zen busca la reintroducción de esa forma natural de ser. Experimentar sin pensar excesivamente—dice el Zen—es la única forma de vivir la vida sin problemas.

El tiempo, como hemos visto, es una invención, una construcción que nuestra especie ha creado y utiliza con gran ventaja. Lo superponemos a un fenómeno trascendental: el cambio. No entendemos completamente el cambio, pero hemos aprendido a medirlo. Eso nos permite planificar proyectos, manejar nuestras vidas diarias y vivir en grandes sociedades con otros seres humanos.

Algo de lo que muchas personas no se dan cuenta—porque se ha transformado en algo natural para nosotros—es que el tiempo no existe en la naturaleza. No es solo que los animales no tengan el concepto de cambio mensurable. Algunas culturas humanas tampoco lo tienen. Y no son solo uno o dos casos. Aquí hemos mencionado a los Pirahã y los Amondawa en la cuenca del Amazonas, los Kuuk Thayorre en

Queensland, Australia, y los Hopi en Arizona, EE.UU. El hecho de que el tiempo no exista en la naturaleza no es solo una suposición. Es una realidad demostrable. El tiempo es como la noción de los 'números', otra construcción humana. Sin cognición, no hay números. Tal vez 'uno', 'algunos' y 'muchos', eso es todo.

En la naturaleza, el cambio llega como un presente viscoso, un breve momento que fluye casi imperceptiblemente. Pero sabemos que el cambio ocurre. Y lo medimos porque necesitamos hacerlo.

Esto le puede sonar demasiado detallista a cierta gente, pero como el lenguaje es importante para transmitir un significado preciso, quizás la ciencia debería introducir una nueva nomenclatura y evitar el término no calificado 'tiempo' como un fenómeno que emerge en estado natural. Por otra parte, nadie niega que el concepto es absolutamente necesario para vivir en una sociedad civilizada.

Pero, y aquí hay un gran 'pero', el tiempo trae sufrimiento, tener una identidad separada trae sufrimiento. Todo eso tiene muchas connotaciones negativas. Como dijéramos, hemos llegado a creer que somos nuestra identidad, que vivimos dentro de nosotros mismos, cuando en realidad somos parte de la gran unión.

El tiempo trae culpa, arrepentimiento, ansiedad, miedo: todos esos sentimientos son parte del sufrimiento. No aceptamos alejarnos de cosas o personas que creemos que son 'nuestras'. En realidad, nada es nuestro.

El tiempo también se convierte en muerte. Si uno piensa, sin embargo, que está cambiando constantemente, en términos budistas uno estaría constantemente naciendo y constantemente muriendo. Además, si uno piensa que la vida y uno son una misma cosa, experimentar el nacimiento y la muerte pierde todo significado. La vida y la muerte son realmente lo mismo. La muerte, en lugar de ser muerte, se convierte en algo 'más allá de la muerte'. La persona iluminada deja de temerle. La vida y la muerte son algo que ocurre todos los días, en lo que le pasa a uno y en la naturaleza.

Un estudio reciente realizado en la Universidad de California en San Diego afirma haber descubierto los mecanismos cerebrales del miedo 'generalizado'. El miedo generalizado es el nombre que le dan al miedo que se siente aun cuando no existe un peligro actual o real. El estudio se realizó con ratones que, en ciertas circunstancias, recibían una leve descarga eléctrica. Los ratones tenían miedo. Sin embargo, ese miedo es miedo causado por el hábito. Cualquier animal que se vea enfrentado a amenazas o incentivos repetitivos—como los perros de Pavlov—reacciona ante esas amenazas o incentivos. La diferencia entre esos animales y el miedo relacionado con el estrés que tienen los seres humanos es que el miedo relacionado con el estrés tiene que ver con el tiempo y la imaginación. Tendemos a temer la incertidumbre de un futuro desconocido. Los animales no sufren ese tipo de estrés. Pueden tener otros tipos de estrés, pero no uno relacionado con el miedo a lo que el futuro pueda traer. Los animales viven en el presente.

Un estudio mucho más interesante, esta vez realizado en seres humanos, estableció que priorizamos nuestros objetivos: los objetivos inmediatos requieren acción inmediata (y se reconocen más rápido), mientras que los objetivos de un futuro más lejano carecen de prioridad. La reacción del hipocampo se encuentra en dos áreas diferentes. Los objetivos inmediatos se manejan en el hipocampo posterior, y los objetivos de futuro lejano, en el anterior. Nuestro cerebro parece haber evolucionado de manera de poder alojar a la cognición. No sorprende, entonces, que las enfermedades relacionadas con la depresión estén ubicadas en el hipocampo.

La cognición es un fenómeno meta-evolutivo que ha tomado control de nuestras vidas. Nos especializamos en crear nuevos hábitos artificiales. Ahora mismo estamos en los teléfonos celulares, tabletas, computadoras portátiles y todo tipo de parafernalia que nos hace creer que vivimos en el futuro. Mucho antes de que existieran esos dispositivos, permitimos que el pensar excesivamente se convirtiera en nuestro hábito y nuestro maestro. El resultado es que nuestros sentidos están casi adormecidos. Hacemos las cosas con apuro. Hacemos varias cosas a la vez. Esperamos terminar una tarea para llegar al final, la conclusión es lo que nos va a hacer felices. En cambio—dice el Zen—tendríamos que disfrutar del quehacer.

Así que normalmente nos vemos a nosotros mismos como entes separados del resto de la realidad, y actuamos dentro de un 'tiempo' que involucra memoria de largo plazo e imaginación de largo plazo. Todo eso es artificial. El Zen rechaza esa realidad 'falsa', pero lo que hace no es solo un rechazo. Es la aceptación de una nueva realidad. Cuando el que practica Zen despierta a la realidad, no se basa en el rechazo normal, ni en la afirmación normal de nada, que significaría aceptar un 'dentro' y un 'fuera'.

La verdadera visión del iluminado es la negación de todas las cosas y la aceptación del Dharma. La sintiencia—que ya tenemos porque nace con nosotros—necesita ser reconocida como la verdadera realidad. La única respuesta es enfocarse en el presente y rechazar nuestra aparente separación del resto de la realidad. En el momento en que aceptamos la realidad tal como es—solo que no nos incluye, porque *somos* esa realidad—entramos en 'la zona'. Hay una energía que viene desde dentro y que es el vínculo que tenemos con la realidad. Entonces, la realidad es un estado atemporal en el que nos convertimos en nuestros orígenes puros.

Podemos sentir la sabiduría que no conoce el sufrimiento, y podemos enfocarnos en ser y hacer, que son la misma cosa. La sintiencia está en uno mismo— dice el Zen—y ésa es la respuesta a la búsqueda de sabiduría, de iluminación. Eso de dentro también es fuera. Uno es la totalidad.

LOS SENTIDOS Y LA AUTOPERCEPCIÓN

"Una propiedad intrínseca se entiende tradicionalmente como una propiedad que algo tendría incluso si fuera la única cosa en el universo o la única cosa en existencia. ¿Tiene sentido esa idea? No, si se piensa que algo es lo que es solo en virtud de pertenecer a una red de relaciones. ¿Por qué no decir que las relaciones determinan a los ocupantes de las relaciones, siguiendo el modelo de la mecánica cuántica relacional? ¿O que las relaciones y los ocupantes son mutuamente interdependientes?"

Frank, Gleiser y Thompson - *El Punto Ciego*

"El número total de mentes es solo uno. Me atrevo a llamarlo indestructible ya que tiene un horario peculiar, a saber, la mente siempre está en ahora. Real-

mente no hay antes ni después para la mente. Solo hay un ahora que incluye memorias y expectativas."

Erwin Schrödinger - *¿Qué es la vida?*

Lo que hemos visto en capítulos anteriores es que el Occidente ha estado fascinado por las culturas orientales desde que estableció contacto con ellas. Esa fascinación siempre ha sido algo superficial, porque entender realmente el Oriente requiere un profundo cambio de perspectiva.

Quizás sea fácil caer en una excesiva simplificación de la situación, pero intentaré hacerlo sin simplificar demasiado: normalmente, la idea es que, en Occidente, el individuo es totalmente independiente de la realidad que lo rodea, mientras que, en Oriente, el individuo es completamente interdependiente del resto de la sociedad y de la naturaleza. El asunto es un poco más complicado.

Como hemos visto, la consciencia tiene dos estratos: uno es la sintiencia y el otro, la cognición. La sintiencia es biológica, o física (es decir, nacemos con ella), mientras que la cognición es metafísica (se adquiere a través de la cultura).

Tradicionalmente, el Occidente ha considerado que el yo, como individuo que se percibe a sí mismo, es meta-cognitivo, es decir, que el yo reside en una consciencia metafísica. Gran parte de esa percepción tiene que ver con el dictum cartesiano *"Cogito ergo sum"* o *"Je pense donc je suis"*, por el que Descartes parece estar diciendo: *"Sin pensamiento no hay yo"*. En cualquier caso, él no dijo eso. Ésa es la forma en que ha sido interpretado. Sería posible explicarlo filosóficamente, pero realmente sería desviarse mucho.

El otro problema es que, a menudo, la filosofía y la ciencia occidentales confunden 'autopercepción' e 'identidad' como conceptos intercambiables cuando, en realidad, la consciencia de uno mismo y la identidad tienen naturalezas totalmente diferentes. Hay una razón para ello. Adquirimos un "yo" en el momento en que nacemos. Pasamos a ser nosotros mismos el instante en que comenzamos a ser sintientes. El yo, como veremos, reside en el presente. De manera opuesta, nuestra identidad vive en el tiempo y requiere memoria de largo plazo e imaginación; dichos elementos son cognitivos: se adquieren a través de la sociedad y la cultura.

Las filosofías orientales notaron esa diferencia: en el Oriente, para el Zen, entre otras disciplinas, el verdadero yo reside en el cuerpo, el yo es solo parte de la sintiencia.

SI EL LECTOR me permite una pequeña auto-referencia otra vez, puedo decir que he sufrido de amnesia transitoria y tengo experiencia directa de que se puede estar consciente sin saber quién es uno; pero aún así uno tiene consciencia de ser uno mismo, de lo contrario no se estaría consciente. Uno puede sentir que existe (y no tiene que demostrarlo pensando). En ese sentido, encuentro que mi experiencia directa tiende a corroborar lo que las filosofías orientales afirman como real.

A menudo se pierde la memoria porque se pierde la cognición (¿será eso volverse loco?) Como explicamos, sin cognición, el tiempo no existe. Para ser más claro, permítanme explicar lo que me sucedió cuando tuve el primer episodio de amnesia transitoria: desperté una mañana sin recordar quién era (pero, por supuesto, sabía que existía). Tenía un yo pero no una identidad. Las preguntas que me hice, que recuerdo bastante claramente, fueron: '¿Dónde estoy?'; '¿Es ésta mi casa?' (conocía el concepto 'casa'); '¿Quién es esta mujer que está acostada junto a mí?'; '¿Es ella mi esposa?' (conocía el concepto 'esposa'). La ausencia duró unos minutos. Se lo conté a mi esposa y ambos nos reímos. Pensamos que no había estado totalmente despierto. Sin embargo, los episodios ocurrieron en otras oportunidades, ya entrado el día.

La autopercepción es biológica y presente, mientras que la identidad es metafísica y cultural (por lo tanto, relacionada con el tiempo). Uno se autopercibe el momento en que está consciente, sin que importe si uno está solo o con otras personas. La autopercepción ocurre solo en el presente; no se puede estar autoconsciente ni en el pasado ni en el futuro. Sin embargo, se puede recordar, imaginar o soñar con haber estado o estar autoconsciente.

La identidad, por otro lado, es humana, cultural y metafísica porque se adquiere a través de la sociedad. Un tigre no tiene identidad. Tal vez los elefantes o las ballenas tengan algo como identidad porque viven en grupos. No lo sabemos.

En realidad, dentro de uno existe una memoria subyacente mucho más prolongada. Es la firma genética de todos nuestros ancestros. En términos científicos se llama ácido desoxirribonucleico, o ADN. Pero esa memoria de larguísimo plazo tiene poco que ver con uno como individuo, o con la identidad cultural o nacional. El ADN es el sello biológico de quién es uno y, lejos de ser realmente individual, tiene consigo la otra cara, la parte complementaria de la naturaleza, la parte que no se puede ver ni entender. Uno es único y, al mismo tiempo, el ADN prueba la contribución física de todos esos otros seres que hacen que uno sea quien es. Muchos de ellos estarán muertos, otros pueden estar vivos. Algunas otras personas que comparten parcialmente nuestro ADN probablemente viven en lugares remotos y hay muchos que uno ni siquiera conoce.

Los seres humanos tenemos identidades porque las identidades son necesarias para funcionar dentro de nuestros grupos sociales. El aspecto relacionado con el tiempo tiene que ver con la continuidad de esa identidad a través del nombre que la sociedad le da a uno. Normalmente, la identidad es permanente. Tanto para el individuo como para la sociedad. Puede variar en el caso de un cambio de nombre, matrimonio o cambio de género, pero esas son solo excepciones que la sociedad acepta.

Me gustaría enfatizar y reforzar estos conceptos porque son extremadamente importantes: la autopercepción corporal ocurre únicamente en el presente y es algo que hacen los sentidos. El yo cognitivo (identidad), experimentado en la memoria episódica de largo plazo y la anticipación (pasado y futuro), es obviamente parte de la cognición, y al igual que el tiempo, es solo una construcción humana. Otras especies no tienen memoria episódica de largo plazo ni anticipación (al menos no parecen imaginar a largo plazo en el futuro). Tienen solo memoria asociativa. Ha habido muchos casos de perros u otras mascotas que siguen esperando a que regresen sus humanos porque no pueden imaginar la posibilidad de una ausencia permanente.

El yo como narrativa personal, como biografía, digamos, es lo que uno conoce como identidad; sucede en el tiempo y dentro del colectivo social.

Si entendemos, entonces, que la identidad no es realmente el yo, si entendemos que debe su existencia a la sociedad y al intelecto, también podemos decir que la identidad es tan inexistente como el tiempo. Ambos son creaciones de la mente humana. Ambos son construcciones que ayudan a vivir en sociedad. En realidad, la vida pasada es algo que realmente sucedió, y el cambio también sucedió. Pero solo la memoria de largo plazo la recuerda. El yo actual existe solo ahora. Una halcón no recuerda su infancia, pongámoslo así.

Estar presente según el Zen, por ejemplo, es estar en un estado de pura sintiencia. No hay pensamiento ni forma superficial. El cuerpo externo es importante, pero no tanto como el interno. El cuerpo interno es uno con la naturaleza, que existe sin palabras ni pensamientos. La diferencia que tiene con el cristianismo—en el cual lo divino se equipara con "el Verbo"—es diametral y bastante evidente. Los sentimientos y las sensaciones, según el Zen, conectan con la verdad. Estar presente, entonces, es el retorno atávico a nuestros orígenes, a la naturaleza pura de nuestros ancestros.

Los seres humanos actuales somos producto de un salto meta-evolutivo que ocurrió cuando empezamos a usar el lenguaje. Como dijéramos, la primera instancia de un fonema marca el inicio de la humanidad. Nos convertimos en seres humanos el momento en que un individuo entendió el significado que otro individuo intentaba transmitirle mediante el sonido.

Ese fue un avance increíble, un salto hacia lo desconocido. En muchos aspectos, lo que vino después de eso fue algo completamente artificial que otras especies no tienen. *H. sapiens*, sin saberlo, estaba añadiendo un estrato a la consciencia que colocaría a la especie en una situación quizás envidiable pero a veces difícil.

Cuando digo meta-evolutivo, me refiero a que nuestro avance exponencial en términos de instituciones colectivas y tecnología no obedeció ninguna de las reglas naturales de la evolución y 'supervivencia del más apto' que fueran descubiertas por Charles Darwin, y que de otra manera se aplicaban a todas las otras especies. Russel Wallace lo sabía y Darwin lo sospechaba. Nuestras sociedades son cualquier cosa menos naturales. Nuestras instituciones son inventadas, son construcciones.

Hemos adquirido una consciencia, un yo, un ego, una imaginación. Hemos adquirido el tiempo y también nos hemos aislado de la naturaleza. Creemos que somos nuestra consciencia individual—y nuestra identidad. Pero es al revés. La sociedad es la que le impone esa identidad a nuestro yo.

Aquí no podemos evitar volver a Heraclito: el río parece ser el mismo y el individuo parece ser el mismo. ¿Cómo? Hasta cierto punto ambos son distintos, algo bastante parecido al barco de Teseo: los componentes cambian gradualmente. El secreto de la continuidad es la imperceptibilidad cotidiana de ese cambio.

En el caso del mito griego, todas las tablas del barco, que normalmente estaba atracado en el puerto de Atenas, se fueron pudriendo lentamente y fueron reemplazadas, una por una. El barco era real y el cambio era real. Al final, sin embargo, el barco ya no era exactamente el mismo, excepto en la percepción de las personas. Aparte de la paradoja en términos de identidad, el barco era parte de un mito pero también era parte de la historia real. La ejecución de Sócrates tuvo que ser postergada porque ninguna ejecución podía llevarse a cabo mientras el barco no estuviera en el puerto.

No hay nada tan atávico y distante en la historia como nuestro ADN, pero aún así es parte de nuestro verdadero ser.

Para resumir, ninguna de las células que conforman el cuerpo ahora es una de las células que el cuerpo tenía cuando uno tenía un año. Ninguna. Todas las células cambian cada siete años. Y sin embargo, después de nacer, a uno le dan un nombre y uno siente que es la misma persona que ese bebé recién nacido. El ADN es el mismo, y la familia y amigos lo perciben a uno como la misma persona. Pero hay algo ilusorio en esa similitud. Uno tiene recuerdos y ha adquirido experiencia. Todo eso vino a través del gran salto que dio nuestra especie cuando los humanos nos volvimos conscientes; en realidad, el yo actual es la persona física que uno es ahora, y solo esa persona.

En cuanto uno se da cuenta de que el yo es simplemente el yo corporal y que solo existe en el presente, es mucho más fácil comprender que uno es tan realidad como el cielo.

Lo opuesto sería pensar que uno está separado de la realidad, que tiene propiedades intrínsecas, es decir, propiedades que uno tendría si fuera la única cosa en el universo. Eso no tiene mucho sentido. Algo (o alguien) es lo que es en virtud de sus relaciones con otras entidades. Algunas sectas budistas incluso rechazan la existencia de las propiedades intrínsecas; actualmente, los físicos cuánticos y algunos filósofos occidentales están de acuerdo con ellas en cuanto a la primacía de las relaciones con respecto a las entidades. Observador y observado son la misma cosa, ¿o no?

Digamos que uno mira el cielo, tiene una sensación de cielo. Está usando los ojos para verlo. Pero cuando uno piensa que también es parte de esa realidad, la diferencia entre uno y el cielo desaparece. No se tiene una sensación del cielo. No se está realmente separado, uno no es algo separado del cielo. Es parte de lo que se percibe y se siente. Se empieza a sentir el cielo como algo idéntico a la vida, tal como lo hacen la gaviota o el jaguar. Ellos no se acuerdan de lo que les sucedió cuando tenían cinco años. Solo los seres humanos recordamos episodios de nuestro pasado. Solo nuestra especie puede imaginar lo que podría sucedernos en el futuro.

Volvamos a la autopercepción y al Oriente. En la cultura japonesa, entre otras culturas asiáticas, la noción del yo está más cerca de la noción de "mente encarnada". De esa manera, es mucho más fácil entender que el yo no proviene de la autorreflexión, no tiene nada que ver con el pensamiento. Y digo esto con todo el respeto debido a Descartes, quien dijo *"Pienso, luego existo"* para probar su existencia, pero no descartó la posibilidad de existencia sin pensamiento.

En la cultura japonesa, entonces, el yo tiene que ver con el ser, con la actividad en el mundo real. La identidad es algo diferente, como ya hemos visto.

La confusión en la filosofía y la ciencia occidentales, en lugar de provenir de rechazar la dualidad sustancial cartesiana (mente en contraposición al cuerpo)—cosa que hacen—proviene de no aceptar que hay una dualidad en la consciencia misma.

Una vez que hemos entendido que en la cultura japonesa el yo es parte de los sentidos, no del intelecto, se hace más fácil entender cómo el Zen ve al yo: no tiene nada que ver con el pensamiento sino con la capacidad de actuar en el mundo real. Los individuos humanos existen en un entorno que les permite hacer lo que hacen. El individuo no es una isla, está integrado en la naturaleza y la sociedad. La inter subjetividad, ¿tal vez el lector se acuerde?

En Occidente, la existencia del yo se basa en la identidad y la individualidad, y se considera un fenómeno interno. Ese concepto incluye una actividad—el pronombre "yo—que conoce al yo, y una pasividad—el pronombre "mí"—que es el yo al cual se conoce. En el Occidente, el yo parece existir a través de la autorreflexión.

En el Oriente, el yo (interdependiente) sabe que su existencia se basa en relaciones sociales y naturales sin las cuales no estaría allí. El individuo está conectado y altamente condicionado por el entorno.

Esto se refleja en pronombres japoneses como 私 (watashi), que es lo mismo que 私 (watakushi), formal; あたし (atashi), para mujeres; おれ (ore) y 僕 (boku), para hombres, todos los cuales son equivalentes a "yo", pero en diferentes situaciones sociales. あなた (anata), que es el equivalente de "tú" en segunda persona en castellano, no se usa mucho y parece estar etimológicamente relacionado con "anatta" en pali, que significa "todo lo que no es yo".

Al principio parecería, entonces, que en japonés el yo no se sostiene por una visión interna, sino que es todo lo contrario: un fenómeno condicionado por la percepción externa. En realidad, es algo aún más sutil, como vimos con "anata", hay más bien una relación entre "yo" y "no-yo". El yo se basa en su interacción con el resto de la realidad, con el entorno.

El individuo, por supuesto, sigue siendo el individuo. Solo que la relación es diferente. Hay un componente interno, donde residen los verdaderos motivos, y un componente externo de esa realidad, expresado por la forma en que el hablante de japonés se adapta al mundo social.

Lo que hace la realidad objetiva griega/cristiana occidental es quitarnos nuestra totalidad participativa, la totalidad que deberíamos tener con el resto de la realidad. Esto no quiere ser una crítica, es simplemente lo que pasa. El momento en que observamos algo dejamos de ser parte de ello. No podemos experimentar ese algo. Pero la persona que entiende, la persona que ha alcanzado cierto grado de sabiduría, no anda pensando que él o ella *"es la realidad"*. La realidad simplemente *"es"* y la persona está integrada en ella.

Entonces, el yo sintiente está unido al resto de la naturaleza. En eso reside la experiencia.

Como mencionáramos, en un punto de la evolución de nuestra especie, la cognición fue superpuesta a la sintiencia. Es una capa; un estrato artificial por otro lado. Una vez que uno se da cuenta de que el intelecto—el pensamiento—es el componente más pequeño de la consciencia que se ha apoderado de lo demás, uno se da cuenta de que toda la belleza y la paz están en otra parte. Todas las cosas importantes de la vida existen en un entorno natural que está más allá del intelecto.

CONCLUSIÓN

"Cómo es de difícil y engañoso intentar entender el Zen de manera literal y lógica ... Por supuesto, mientras se den respuestas que indiquen hacia dónde buscar la presencia del Buda; pero debemos recordar que el dedo que señala la luna sigue siendo dedo y de ninguna manera puede convertirse en luna. El peligro siempre está cuando el intelecto se desliza furtivamente y confunde el dedo con la luna."

D.T. Suzuki - *Introducción al Budismo Zen*

" '¿Y esos tipos terminan volados sin usar nada, eh?' 'Toma el té y verás; éste es un buen té verde'. Era bueno e inmediatamente sentí calma y tibieza. .

'¿Quieres que te lea parte de este poema de Han Shan? ¿Quieres que te cuente sobre Han Shan?'

CONCLUSIÓN

'Dale

'Han Shan, verás, era un estudioso chino que se cansó de la gran ciudad y se fue a esconder a las montañas' "

Jack Kerouac - *Los Vagabundos del Dharma*

"... No hay nada detrás de mí ni nada que me una

A algo que podría haber sido verdad ayer.

El mañana está abierto y ahora mismo parece ser más

Que suficiente estar acá hoy

Y no sé que futuro me aguarda

No sé adónde estoy por ir, ni estoy seguro de dónde he andado

Hay un espíritu que me guía, una luz que brilla para mí

Vale la pena vivir mi vida, no necesito ver el final.

Dulce, dulce entrega

Vivir, vivir sin preocupación

Como un pez en el agua

Como un ave en el aire."

John Denver - *Sweet Surrender*

En la Introducción cité a D.T. Suzuki y dije que, aunque tiene razón en su afirmación de que el Zen es imposible de entender usando la lógica normal, yo intentaría hacer exactamente eso. Aquí repito el proceso con una cita similar. Sin embargo, hay una advertencia clara: este libro no da una receta para iluminarse. Solo explica cómo funciona el proceso y proporciona información adicional para poner ese proceso en contexto. Si al lector le entusiasma la idea del Zen y del *satori*, tendrá que experimentarla por sí mismo. Nadie lo puede hacer en su nombre.

Lo que Suzuki y otros Maestros dicen sobre el Zen es verdad hasta cierto punto, *"... el dedo que señala a la luna sigue siendo dedo y de ninguna manera puede convertirse en luna..."*. Sin embargo, a menos que observemos la luna y cuestionemos por qué es una luna llena, o por qué está rodeada de niebla, o por qué durante el día desaparece de vista, nunca entenderemos que, mientras nuestro dedo permanece con nosotros, la luna orbita al planeta.

Por otro lado, creo que la mayoría de los occidentales interesados en el Zen encuentran que hay un misterio que los frustra mucho. Tienen miedo de casarse y no conocer a su pareja. El amor es bueno, pero antes de casarse uno necesita saber algo sobre la otra persona. La fe es buena, pero a veces no es suficiente.

∽

PARA LOS QUE han salteado el texto hasta esta *Conclusión*, permítanme decirles claramente: alcanzar la iluminación, el *nirvana* o el *satori*, implica despojarse de cualquier pensamiento que les pueda venir a la mente, y mediante la meditación mejorar la sintiencia innata a través de un enfoque total en el momento presente.

Antes explicamos que los componentes—estratos, o capas—existenciales e intelectuales de la consciencia humana se han entrelazado tanto en nosotros, después de cientos de miles de años, que parece casi imposible desenmarañarlos. Aquí es donde la meditación Zen guarda su secreto: ayuda a disolver gradualmente el intelecto, aumentando así, exponencialmente, el uso de los sentidos.

El Zen también parece demostrar que, si uno es capaz de separar los componentes de la consciencia humana, que son tan difíciles de estudiar como un todo, debe ser porque sus naturalezas son distintas. Mientras que la base física de la sintiencia en neuronas y sinapsis es innegable, muchos aspectos de nuestra intelectualidad—tanto individual como colectiva—apuntan a una naturaleza intangible más allá del alcance de las ciencias físicas.

Vivimos pensando en el futuro. Lamentamos grandes trozos de nuestras vidas y nos culpamos por todo tipo de fracasos. No somos ricos, no somos famosos, no somos exitosos, y aunque lo seamos, seguimos siendo infelices. Lo que Gautama Buda dijo sobre el sufrimiento es una realidad para miles de millones de seres humanos. Tienen pautas de comportamiento de las que no pueden desprenderse. Viven vidas monótonas y a menudo poco productivas. Las cosas no tienen porqué ser así.

Tal vez uno se queje o juzgue: puede ser que diga *"La situación en la que estoy ahora es insoportable"*. Entonces, tendría que alejarse. *"Tengo que lidiar con una persona en el trabajo que me hace la vida realmente difícil"*. Quizás tenga que hacer algo al respecto. Uno puede renunciar y buscar otro trabajo, puede hablar con el jefe, o aceptar la situación y vivir con ella (alejarse de ella, cambiarla o aceptarla).

Cuando uno centra su vida en el presente, se da cuenta de que esos problemas no existen. Están, o bien en la imaginación (uno espera que la gente actúe de cierta manera), en el pasado, o en el futuro. Encontrarse en una situación que uno considera estresante o triste significa que realmente no quiere estar en esa situación. Quejarse no soluciona nada. Hay que deshacerse de la situación y pasar a un presente en el que uno sea feliz. Es como quejarse de algo que uno debía haber hecho y no hizo. O al revés, de algo que hizo y no debía haber hecho. Quejarse no va a cambiar el pasado. Hay que olvidarse. Ya está hecho. Como dijimos antes, para los animales no existe el "debería". Los sentidos no tienen "debería".

Quizás uno esté esperando hacerse rico. Eso no va a suceder por arte de magia en el futuro. Para ser rico o próspero, uno tiene que hacer algo al respecto, y eso sucede en el presente, en el ahora. Un viaje de diez mil millas se empieza con el primer paso, y el único paso que importa es el que uno da ahora. En última instancia—el Zen dice—, vivir en el presente significa darse cuenta de que los problemas no existen.

Lo que Maestros como Dōgen cuentan es que, practicando la meditación Zen y aplicándola a la vida diaria, en cierto punto uno llega a la *"unión"*. Además, Dōgen asegura que, desde el momento en que uno empieza a meditar, se experimenta algo que él llama "*luminosidad*". Es decir, el momento en que uno se da cuenta de que las actividades del cuerpo y de la mente no son actividades separadas, tiene una visión increíble, y eso ocurre durante la meditación. Cuando dice "mente", estoy seguro de que en realidad está diciendo que el cuerpo y los sentidos son la misma cosa. Durante la meditación, el "yo" (la identidad, no la autopercepción) comienza a desaparecer, dice él. Luego, el cuerpo y la mente *"se desvanecen"*.

Lo que no puede explicarse con palabras, lo que no tiene lógica durante esos momentos, es que la persona que lo saluda a uno y uno mismo se convierten en una sola cosa; no hay medidas ni distancias; las cosas que son grandes se vuelven chicas, y viceversa, una mota de polvo se convierte en la luna. Eso, sin embargo, no significa que la realidad haya cambiado. Solo significa que la perspectiva de ella es diferente.

Eso también es lo que pasa cuando que uno crea. Nada depende del resultado. Uno no espera un resultado. Se disfruta del momento. Se espera que la pintura sea buena, pero no importa si no lo es. No se esperan comentarios extáticos de los críticos, ni se deja la pintura para la posteridad. El acto de pintar es algo grandioso independientemente de lo que ocurra después del acto de creación. Mucha gente no entiende eso. Uno ama hacerlo simplemente porque se disfruta de ser creativo. Si la obra gana un premio, eso también es genial, pero ése no es el objetivo de crear.

Es claro que el halcón no piensa cuando está cazando, él *es* la caza. Sus decisiones pueden describirse como *"impensadas"* porque, a diferencia de los seres humanos, no necesita pensar, ni tiene la capacidad para hacerlo. Sus acciones han sido perfeccionadas por la experiencia y respaldadas por la evolución, los instintos y los hábitos adquiridos a través de miles de generaciones de halcones antes que él. Todos sus sentidos están completamente integrados con lo que está sucediendo en ese momento. Mientras enfrenta la posibilidad de la caza, sus sentidos se agudizan, sus reflejos son perfectos.

De alguna manera, *"impensado"* es una palabra que, en las culturas modernas, ha adquirido connotaciones negativas. Eso se debe a que, en estas culturas, se considera que el intelecto es más importante que los sentidos.

Sabemos que un impala no se distrae por la belleza del color verde cuando está corriendo. Simplemente corre. Su concentración es ilimitada porque no puede ser de otra manera. Es la parte del todo que se está moviendo, exactamente como se mueve el animal que lo está cazando. Es la naturaleza. Y sobrevive o muere siendo eso.

Esos animales son seres sintientes, son una parte integral de la naturaleza, ¿no?. La realidad los engloba. Paradójicamente, ellos y el resto del mundo (*"anatta"*, en pali—lo que no es ellos) son realmente uno. Hay un yo y un no-yo que se complementan perfectamente. No son solo ellos y el exterior de sus "yo", como pensaríamos en Occidente. La realidad no es objetiva, solo es realidad. Y los incluye a ellos. El depredador y la presa son, en esa realidad, uno. No podrían existir el uno sin el otro. El zorro no puede existir sin el conejo y el conejo probablemente se multiplicaría hasta la extinción sin el zorro. Y para eso no se necesita la lógica. El Zen nos dice que cualquier cosa relacionada con la lógica es algo que añadimos a nuestro análisis para entender algo que no necesita ser entendido. Las cosas son como son.

Esos individuos son ese entorno y esas circunstancias (se puede pensar en el espacio y el tiempo, si así se desea; pero para ellos solo hay presente fluido y cambio). El momento es breve. Algunas especies pueden tener memoria afectiva de largo plazo, pero no tienen memoria episódica de largo plazo. Pueden tener miedo o ira en el momento; lo que no tienen es ansiedad o estrés. En los humanos, estos últimos sentimientos son adquiridos, son el producto del pensamiento. La ansiedad, por ejemplo, es miedo a algo que podría suceder en el futuro. Muchas cosas causan ansiedad. Estamos ansiosos por la posibilidad de fracaso en el amor, o en el trabajo, o en una situación de examen. Si hay un peligro real, sin embargo, el Zen nos asegura que la sintiencia se hace cargo. Uno actúa según el instinto. Uno lucha o huye.

El estrés surge de no poder manejar una situación que no es exactamente como el individuo esperaba. Tanto la ansiedad como el estrés, como dijimos, tienen que ver con el intelecto. No existen sin el tiempo.

En cambio, los animales solo se ocupan del futuro cuando se convierte en presente, cuando ocurren cosas reales, no imaginadas. Tampoco tienen arrepentimientos ni culpa. El pasado se ha ido. Todo lo que hacen es lo que necesitan hacer. Actúan según el entorno y dentro de las circunstancias. También son la acción y el cambio. No hay ni bien ni mal. Una leona caza cuando tiene hambre o necesita alimentar a sus crías. Matar a su presa es simplemente parte de lo que tiene que hacer para seguir viviendo, que es lo que le dice su instinto.

De la misma manera, para el animal quizás no exista la fealdad ni la belleza en nada, no lo sabemos. No hay juicio, solo aceptación, debido a su inclusión en el todo. acepta la naturaleza porque es naturaleza. No puede ni sabe hacer otra cosa.

Por supuesto, debe haber un germen de cognición en algunas especies. Nuestra cognición debe haber surgido de algún punto. La suya no está tan desarrollada como la nuestra en la actualidad. El intelecto humano se ha desarrollado a lo largo de milenios de lenguaje complejo, comunicación y pensamiento; y continúa desarrollándose con cada generación. Otras especies quizás tengan comunicación y probablemente algún tipo de lenguaje, no complejo y definitivamente no recursivo como el nuestro. Aun así, las especies animales que tienen agencia sintiente funcionan perfectamente dentro del aquí y el ahora de la naturaleza.

De manera similar (pero solo similar), cuando un monje budista alcanza el *satori* (que es, como se habrá deducido, pura sintiencia), vacía su mente de intelecto, se convierte en realidad de una manera humana pero inefable; no es testigo de lo que está sucediendo porque es parte de esa dinámica; como un jaguar o una golondrina, se convierte en la actividad. La acción (o la no-acción) no se puede explicar porque es ininteligible. No necesita palabras. Por eso decimos que es inefable.

Sin embargo, lo que estamos intentando dar no es exactamente una repetición de la experiencia, sino una descripción, como el hombre que describe la pintura de Van Gogh. Lo que se logra es una aproximación, suficiente como para darse una idea de lo que hacen los monjes y por qué lo hacen.

Pero volvamos... El monje, entonces, *es* el jardín, o la flor, o la flecha. Comprende empíricamente la realidad, la "vive". La experiencia Zen, que no está centrada en el individuo, alcanza su objetivo, pero es un objetivo indescriptible, difícil de comprender para el componente cognitivo de la mente y aún más difícil de aceptar para la mente occidental. Es algo que el maestro Zen no puede explicar tampoco. Solo puede demostrarlo. Ésa es la razón (nuestro razonamiento occidental) detrás de la falta de lógica y el hecho de que las palabras no sean una forma aceptable de enseñanza. El *sensei*, o maestro, solo puede mostrar el sendero.

Un significado hermoso—y muchas veces real—de la palabra せんせい ("*sensei*") es que, cuando se escribe en *kanji*, incluye las raíces 先 ("*sen*") "antes" y 生 ("*sei*") "vida". Es decir, el maestro es alguien que nace antes que el estudiante. Un anciano, una persona más sabia.

El momento en que el monje practica, se despoja de la cognición, deja ir el pasado y el futuro. En ese momento, se *convierte* en una percepción total de su cuerpo. En ese momento no tiene un ego, una identidad o una historia biográfica. *Es* el momento. Elige ser eso, que es naturalmente atemporal. Se convierte en uno con la naturaleza y el cambio. Un aspecto interesante de la vida de monje Zen es la pérdida de cualquier identidad anterior: los nombres ya no son importantes. Tal vez le den un nuevo nombre, pero los *kōan*, por ejemplo, rara vez incluyen nombres. Los nombres tienen que ver con la identidad y, por lo tanto, con el tiempo.

Las personas que meditan, incluso antes de alcanzar la iluminación, se concentran en su sintiencia, y lo que pasa es que todos sus sentidos se potencian totalmente, tanto como es posible.

Algunos quieren creer que el *satori* es algo parecido a un trance inducido por drogas. En realidad, no hay trance. La persona está completamente alerta. Lo que la persona que alcanza el *satori* ha logrado es la unión total con la naturaleza. Él o ella conserva el yo pero está en una posición en la que se convierte en la naturaleza que engloba ese yo y lo incluye: el aquí y el ahora. Unión.

Solo el componente artificial y meta-evolutivo de la consciencia se deja de lado, o se mantiene en un segundo plano. Entonces, el *satori* es una consciencia intensa, una sensación muy satisfactoria. Casi no hay cognición pero se está alerta. Se llega a la esencia misma de cada momento. No hay sufrimiento, solo una sensación de satisfacción con lo que se hace. Y de gozo. Eso puede incluir la creatividad o simplemente la existencia.

¿Sabemos cómo sería experimentar el mundo sin intelecto, como lo hicieron nuestros antepasados homínidos? Solo podemos especular. La cuestión es que no necesitamos volver a esa etapa, ni tampoco copiar a otras especies. A menudo escuchamos a los maestros Zen hablar sobre la *"mente original"*, pero no quieren decir volver completamente a no ser humano. Al dejar atrás la cognición, lo único que estamos haciendo es avanzar hacia la iluminación.

La meditación es consciencia menos el pensamiento excesivo. Lo que el Zen no quiere es permitir que la cognición se apodere de la mente—como le sucede a la mayoría de las

CONCLUSIÓN

personas—porque eso incluye sentimientos negativos y sufrimiento. Pero aún podemos usarla, solo que de manera más efectiva. Como dijimos, la persona que medita, o la persona iluminada, se vuelve inmensamente concentrada porque *es* el momento. No hay negatividad de ningún tipo. Es exactamente lo contrario: la negatividad vive en el intelecto, pero especialmente en el pensar demasiado. Lo que sucede con el *satori* es aceptación total.

La cognición y la sintiencia, repetimos, son módulos esenciales de la estructura consciente actual de nuestra especie. Son componentes distintos pero integrados; normalmente no se pueden separar. Sin embargo, por medio de la meditación Zen, se logran separar los aspectos negativos de la cognición.

En el *satori* no se trata solo de alcanzar la sabiduría. Significa una integración perfecta con la realidad. Como explicáramos, todos los sentidos están potenciados. Es una epifanía gozosa. La iluminación repentina implica el descubrimiento de una experiencia totalmente nueva. El mundo real tiene diferentes colores, olores y sensaciones. Todo es intenso.

Por lo general, estamos en modo cognitivo, por eso es fácil pensar en la iluminación como algo increíble y fuera de nuestro alcance. Por suerte, es el estado natural en el que se supone debemos estar (en el que estábamos antes del lenguaje y la cultura). Con la iluminación eso sucede de repente: es una revelación. Tal vez de inmediato, tal vez después de años de meditación. La práctica se convierte en experiencia, y la experiencia se logra con los sentidos. Un día, el estudiante de Zen se encuentra en un lugar especial, en 'la zona', sin siquiera intentarlo. Y puede prolongar ese momento a voluntad.

Lo que también es inmensamente satisfactorio es darse cuenta de que nosotros, como seres humanos, no estamos separados de la realidad. Uno se da cuenta de que la separación es solo una ilusión, algo que fue causado por el intelecto. Lo real es la conexión con el mundo que nos rodea, el descubrimiento de que somos parte de él. Gautama Buda prometió que el momento en que se alcanza ese estado ya no hay más sufrimiento.

Y, como dijéramos, no significa regresar a nuestro pasado homínido. Un individuo *H. sapiens* siempre seguirá siendo completamente humano. Antes de nuestro salto prolongado hacia el intelecto humano, teníamos la facilidad innata de la pura sintiencia animal. Bueno, es exactamente eso: el resurgimiento de esa sintiencia completa, pero ahora podemos lograrlo sin perder nuestra capacidad de pensar a voluntad.

También—con la práctica del Zen—la ética y la moral siempre están presentes. Lo que se logra es una integración completa con la naturaleza y la sociedad a través de los sentidos. Hay paz y aceptación.

Lo que desaparece en el momento de la iluminación son los componentes intelectuales negativos. Uno de ellos, como explicamos, es el tiempo. El miedo a cualquier cosa que pueda suceder en el futuro desaparece con él. Cuando uno está en el presente, no piensa en morir. Anteriormente mencioné que los animales son iteraciones de sus especies. Y nosotros somos iteraciones de la nuestra. Los animales son inmortales porque no piensan en morir. Una de las advertencias de Dios a Adán y Eva cuando les dijo que no comieran

CONCLUSIÓN

del 'árbol del conocimiento del bien y del mal' fue que *'si lo hacéis, ciertamente moriréis'*. Por supuesto, no lo dijo literalmente, porque no murieron, pero no estaba equivocado. Como proto-humanos que eran, eran inmortales, pero en el momento en que supieron que a la larga les esperaba la muerte, se convirtieron en mortales.

Enfatizamos lo que dijéramos en el capítulo sobre la *Consciencia humana*: mencionamos que el tiempo reside en el componente cognitivo de la consciencia humana. Los animales no usan relojes, ni tienen idea del tiempo. Solo conocen el cambio, como lo hicieron nuestros ancestros. Nuestra especie se preocupó por el tiempo cuando pasamos de comprender las estaciones y los días a estudiar el movimiento de los cuerpos celestes y predecir fenómenos como las mareas y los eclipses. Después, los humanos necesitamos medir el cambio. Inventamos todo tipo de dispositivos de medición como clepsidras y relojes de vela. La invención de los relojes mecánicos en Europa rápidamente dio lugar a los relojes de bolsillo. Ahora tenemos relojes atómicos que casi pueden medir el tiempo de Planck, la medida más pequeña de tiempo que los científicos pueden imaginar. También usamos relojes electrónicos inteligentes que nos ayudan de muchas maneras nuevas en nuestra vida social.

No es solo que con la meditación desaparece el tiempo, incluso desaparece la noción de tiempo. Uno se concentra en cualquier cosa que esté sucediendo en el presente. El resultado es que los sentidos se potencian y se entra en 'la zona'. En el momento en que se deja ir el pensamiento, como dijimos, también se deja ir la idea del tiempo. Los sentidos no tienen lugar para el tiempo.

Vivir en el pasado significa nostalgia, arrepentimiento, vergüenza y culpa, entre otros sentimientos que solo obstruyen y significan sufrimiento. Pensar en el futuro a menudo tiene el costo de ignorar el presente. Hay miedo a lo que podría suceder, y eso implica la no aceptación del cambio. El futuro trae ansiedad y estrés. Mientras usemos nuestros sentidos junto a nuestro intelecto, tendremos conflicto, tensión, miedo. (El ser sintiente sin intelecto es libre. Vive totalmente, y eso conlleva una sensación de realización). La tensión proviene de que los componentes de nuestra consciencia humana tienen diferentes naturalezas: la sintiencia evolucionó naturalmente, la cognición es metaevolutiva (cuando uno lo piensa, es tan artificial que hay que enseñarla, una y otra vez, a cada generación).

El budismo—el Zen, en particular—es el presente. El seguidor del Zen, el monje, intenta vivir en el presente tanto como sea posible. No existe nada más. No hay pensamientos, no hay distracciones. Solo la tarea que se realiza. Y cuando los sentidos están potenciados, esa tarea es una alegría de realizar y se completará a la perfección.

Como resultado de su rechazo a los males de la civilización, Gautama Buda ideó algo sorprendente. Sin embargo, su filosofía fue malinterpretada y dio origen a diferentes escuelas o sectas del budismo. El Zen es el retorno a lo básico. Sin enseñanza. Solo la experiencia, el mismo quehacer lo lleva ahí a uno.

Cuando un seguidor de Zen crea algo —como cualquier persona que experimenta el 'flujo' o está 'en la zona'—, conserva una sensación muy importante: かんそ ("*kanso*"), "sentimiento". El que practica Zen es consciente de lo que está sucediendo, pero no hay un plan real, no hay pensamiento excesivo ni estrategia sobre qué se hará en el futuro, no hay esfuerzo, solo impulso. La creación es pura alegría. Fluye.

El arte Zen incluye desde la cerámica, jardinería, caligrafía, *kendo,* hasta cualquier otro arte marcial japonés, y es reconocido en todo el mundo.

Un famoso artista Zen, Kazuaki Tanahashi, se especializa en caligrafía, pero también es autor y pintor. Tanahashi descubrió el Zen en la década de 1960, cuando conoció al maestro Zen Soichi Nakamura. Juntos tradujeron el *Shōbōgenzō* de Dōgen al japonés moderno, que publicaron a principios de la década de 1970. Tanahashi, que actualmente tiene 91 años, aún trabaja en su próximo libro. Él cree que *"La muerte siempre está a nuestro lado... La muerte siempre es fiel con uno".* Morir, cree él, debe producir una sensación de gratitud. ¿Qué mejor manera de describir la influencia del Zen en una persona?

El momento, como todo lo que sucede en el mundo del Zen, como hemos dicho varias veces, es ahora, el presente; es decir, las cosas están sucediendo. Hay otra consideración importante: ここ (*"koko"*), "aquí". Donde sea que la persona esté, ahí es donde ocurren las cosas. En ningún otro lugar. Nada más es importante. Solo ahora, y solo aquí. Sintiencia total.

Otros sentimientos forman parte de la experiencia; hay una gran sensación de que las cosas están sucediendo como deben suceder: しぜん (*"shizen"*), "naturalidad", y de que el momento es especial, no se hace por hábito: だいすぞく ("*daisuzoku*"), "no rutina". Todo eso se traduce en una sensación: ゆげん ("*yugen*") que solo se puede describir como "un profundo estado de gracia o misterio". Eso es lo que se puede esperar cuando uno, aunque sea momentáneamente, se despoja del pensamiento.

Un descubrimiento fascinante que hice al escribir esto es que ここ ("*koko*"), que significa "aquí", como dijimos, está incluido en こころ ("*kokoro*"), que también significa "mente" así como "corazón", escrito en *kanji* como 心 ("*kokoro*"). Tanto 'corazón' como 'mente' incluyen 'aquí'. Eso también nos da una idea de las diferencias entre Oriente y Occidente en términos de lenguaje y cultura.

Académicos occidentales han confirmado que los músicos de jazz más experimentados pueden improvisar mejor y disfrutar más del proceso que los músicos que han practicado menos. Lo que sucede cuando los músicos improvisan es un flujo no planeado—como su nombre indica—de la música. Creación pura.

Cuando menciono experiencia, me refiero a personas que han practicado más. El proceso de práctica finalmente implica hacer las cosas sin pensar. Improvisar música requiere habilidades que se adquieren solo a través del hábito. Los sentidos se potencian. Puede ser como andar en bicicleta, tocar el piano o escribir a máquina. Uno lo hace sin realmente pensar. Se convierte en algo automático, totalmente intuitivo. Uno es el cazador y la presa, el instrumento y la música. El arte en general —y no solo la música— se basa en la práctica.

El Zen fomenta la práctica de la meditación porque permite al novicio adquirir experiencia; durante la práctica, los sentidos toman control del intelecto. Cuando los artistas crean, lo hacen en situación de quietud mental. La experiencia se convierte en experiencia profesional. Y la experiencia profesional le permite al maestro Zen inducir un estado de concentración y relajación que se convierte en una integración total con el aquí y ahora. Eso trae no-yo, contento, aceptación y muy a menudo, gozo. Esa aceptación de unión con la naturaleza es algo esencial. Cuando nos dejamos ir, fluimos con la naturaleza misma. En el momento en que aceptamos y dejamos de luchar con lo que estamos haciendo, nos convertimos en lo que estamos haciendo. La aceptación significa no oponerse a lo que está sucediendo.

Pero la vida no siempre es creación. La vida real incluye la monotonía de las tareas domésticas diarias; y, cuando nos concentramos en la tarea en cuestión, incluso esa experiencia puede ser placentera. Citamos antes ese famoso dicho *"Antes del satori, cortar leña y acarrear agua; después del satori, cortar leña y acarrear agua"*. Eso es lo que enseñó Dōgen. Entre otras cosas, la sabiduría significa aceptar las necesidades cotidianas.

En este sentido, el budismo japonés difiere del budismo indio, en el que la inactividad es una forma aceptable de meditación. El Zen fomenta la laboriosidad.

Anteriormente dijimos que las ideas no son los pensamientos. Eso requiere una explicación separada. A veces vemos el símbolo de una bombita eléctrica para indicar una nueva idea. Las nuevas ideas son parte de un proceso real de innovación. Pueden ocurrir con un pensamiento mínimo. La sintiencia lo hace por uno.

La creatividad y la innovación aparecen en el instante en que los sentidos se encuentran con el intelecto. ¿Cómo sucede eso? Podemos tener un problema en el trabajo, o una tarea, o tenemos que escribir un ensayo. Las ideas no llegan, no hay flujo. Una de las formas de resolverlo es "dormir sobre el asunto". A menudo, a la mañana siguiente encontramos que hemos resuelto el problema.

A veces estamos despertando lentamente de un sueño—casi siempre, un sueño bastante lúcido—y la solución nos ha llegado. En el momento en que uno está soñando o comenzando a despertar del sueño, no hay razonamiento alguno. Los sueños nunca son lógicos. Uno todavía es pura sintiencia, y aunque no lo sepa, ya tiene la solución. Está empezando a despertarse. Ése es el momento en que se produce la transferencia. Se empieza a pensar. El componente cognitivo de la consciencia recibe la solución desde alguna parte. Hay una energía interna; sin pensamiento hay un tipo especial de quietud. Ése es el momento de la idea brillante, y eso a menudo le sucede a cualquiera que esté saliendo de un sueño y aún disfrute de un increíble beneficio: la plenitud de los sentidos.

Otro ejemplo de eso, digamos, es cuando uno está creando música o pintando, o haciendo algo relacionado a las artes visuales. Hay emoción y, nuevamente, ahí es donde la

CONCLUSIÓN

sintiencia se encuentra con el intelecto. La emoción fluye hacia el lienzo, o el metal, o la música. Y el espectador, o la audiencia, pueden compartir el sentimiento; pueden identificarse con el artista. Ahí es cuando ocurre la verdadera magia. A menudo se siente que el cuadro se ha pintado solo, y que uno solamente has sido una especie de intermediario.

El pensamiento que precede a la creación es algo que ocurre en el intelecto. La emoción, por otro lado, es física. El artista la tiene cuando está creando, y el público la recibe en el momento en que la ve o la escucha. Fluye como un río, y sigue fluyendo sin importar cuándo se realizó la creación. La emoción está en el ahora, en el presente, con todos los sentidos potenciados por lo que está sucediendo. El arte es una forma de comunicación que supera al intelecto. La vida también puede ser una forma de arte si uno así lo elige. No hay necesidad de recordar o imaginar nada. No hay recompensa. No debería haber recompensa. Pintar es disfrutar de pintar sin pensar en el futuro ni en nada más.

La aceptación de que se está en una situación de unión con la realidad trae la quietud que uno necesita, y, al no tener interrupciones constantes, al no tener el ruido de fondo proveniente de los pensamientos... ¡zas!, las soluciones a los problemas, y el arte, vienen sin pensar. No hay ningún secreto ahí. Uno no está separado, al contrario, está perfectamente en sintonía con el mundo y el universo.

Antes del *Índice* de este libro hay algunos textos difíciles de explicar. No tienen lógica. Bueno, no hay lógica en el Zen. Pensar que la vida tiene que ser lógica es lo esperado. Normalmente pensamos que la vida tiene una trayectoria, y que esa trayectoria debería estar dictada por la lógica; nos han educado para esperar eso. Ésas son reglas que nos impone el pensamiento. El rechazo del Zen hacia la lógica viene incluido en el paquete. No hay pensamiento.

Aceptar algo que no tiene lógica es el comienzo de la liberación. El momento en que se rechaza la lógica que le imponen a uno, se comienza a llegar a la plenitud. Los componentes mentales y físicos están ahí. Uno tiene un cuerpo y una mente, pero no es ninguno de los dos. Es el todo, y ese todo es 'parte de' (o en realidad *es*) algo mucho, mucho más grande: la unión. Sin el resto de la realidad uno no existiría. Uno es una gota en el océano, pero la gota es el océano. Sin gotas no habría océano y sin océano, las gotas no serían nada.

Esa 'unión' es lo imposible de entender intelectualmente. El intelecto intentará analizar y dar nombres. Sin embargo, la 'unión' no está ahí para ser analizada. Simplemente *es*. Para expresarlo en términos que podamos entender mejor, es 'eterna' (no tiene tiempo) e infinita (no tiene fin). La unión existe en el tiempo y el espacio.

La única forma de trascender la cognición es dejarse ir, aceptar que la realidad no necesita que uno la juzgue, y que juzgarla no redunda en ningún beneficio. El intelecto analiza todo, necesita cuestionar para entender. La cognición es inquisitiva. La sintiencia acepta. Es mucho más poderosa. Se puede pensar en la sintiencia en términos bíblicos: es la *néfesh* ("*el aliento de vida*"). Los sentidos representan la vida. Sin ellos no hay vida

Lo que estoy intentando explicar acá es el proceso necesario.

CONCLUSIÓN

A estas alturas, estoy seguro de que el lector ya ha entendido eso.

Estar en el presente requiere pura sintiencia, que en realidad no es total consciencia. Requiere abstenerse de la forma normal en que los humanos analizan situaciones y piensan. Requiere poner el intelecto en segundo plano.

Existir en el presente implica asumir que hay algo que no es obvio, algo que puede ser "demostrado", como lo hace el Zen, pero no normalmente "explicado". Este libro lo está explicando e incluye un análisis más detallado de la consciencia humana.

Tenemos una presencia interna que nos permite interactuar con otros seres reales dentro de la realidad, porque somos realidad. Nosotros "somos" reales, sin duda; eso no necesita ninguna demostración. Existimos, como diría Descartes. Comprender significa darse cuenta de que ser real no significa "ser parte" de la realidad. Somos—repito—realidad. El momento en que nos volvemos conscientes de nosotros mismos en el buen sentido, el momento en que entendemos que ese "yo" nuestro no es realmente nuestro, y no está realmente separado, ése es el momento en que entendemos, no con nuestro intelecto, sino con todo nuestro ser.

Quiero volver a algo antes de terminar esto: la curiosidad. Los seres humanos somos curiosos; los científicos y filósofos son curiosos. Eso—muchos dirían—es parte del componente cognitivo de nuestra consciencia. No estoy de acuerdo. Los seres puramente sintientes pueden ser curiosos también: los gatos son curiosos; muchos córvidos, como los cuervos y las urracas, son curiosos; los osos son curiosos. Sin embargo, no son inquisitivos. Lo que hacen los seres humanos que difiere de otros animales es preguntar. Ningún otro animal hace preguntas, o al menos no que sepamos.

Preguntar es una de las expresiones de la curiosidad. También es una expresión de duda, de posibilidad percibida, o probabilidad. Nuestras preguntas tienen algunas cualidades buenas, y algunas no tan buenas. Las cualidades buenas son las que forman parte de la ciencia y la filosofía: son parte de nuestra búsqueda de conocimiento. Las cualidades malas incluyen dudas sobre nosotros mismos, miedo o temores, ansiedad, etc.

En Zen, las preguntas no reciben respuestas (o no respuestas lógicas). Los *kōans* son famosos por ser acertijos sin solución. "¿Cuál es el sonido de una mano aplaudiendo?" "¿Por qué vino Bodhidharma desde el Oeste?" Es decir, esas preguntas no son realmente preguntas. Se puede preguntar, pero es probable que la respuesta no sea satisfactoria. Los maestros Zen dicen que no se puede averiguar sobre el Zen a través de la pregunta, porque los sentidos no pueden explicarse. Solo puede demostrarse.

Si uno medita—como hemos visto—, si practica *zazen*, siempre supera la barrera del dualismo. Lograr una concentración pura significa estar en contacto con todo. Dōgen hablaba de algo llamado "el círculo del sendero", es decir, cuando uno medita está utilizando cuatro elementos, práctica, aspiración, iluminación y *satori*. Cualquier persona que practique la meditación ya está iluminada. La buena noticia es que cualquiera que aspire a alcanzar la iluminación ya está

CONCLUSIÓN

iluminado. Hay una unión. La práctica y el despertar—o '*bodhi*'—son uno. La práctica, dice el Zen, es el sendero de los iluminados. Algunos pueden no darse cuenta de inmediato de haber alcanzado el *satori*. Pero está ahí el mismo momento en que uno deja detrás el intelecto. Incluso si no es una experiencia duradera. Eso también llega.

Ésta es una de las principales diferencias filosóficas entre las culturas orientales y occidentales. La curiosidad—preguntar sin aceptar la realidad como es— trae progreso y crecimiento. También trae problemas. Cuando uno está contento, no necesita preguntas. ¿Necesitamos mayor progreso y crecimiento? Para volverse 'sabio' es necesario aprender a aceptar.

El conocimiento y la sabiduría parecen ser cualidades antitéticas. Tienen naturalezas distintas. Uno proviene del intelecto y la otra de los sentidos. Normalmente, los seres humanos civilizados tienen que elegir el conocimiento para funcionar en sociedad. El Zen nos dice que no se necesita rechazar la sabiduría. Se puede tener todo.

AGRADECIMIENTOS

Inés.

www.ingramcontent.com/pod-product-compliance
Lightning Source LLC
Chambersburg PA
CBHW072337300426
44109CB00042B/1656